湖南郴州地区
汉语方言的接触研究

胡斯可 著

中国纺织出版社有限公司

内 容 提 要

本书将郴州境内的方言接触分为地缘接触引发的方言接触、双方言区内的方言接触和综合性方言接触，结合语音、词汇材料从宏观和微观两方面阐述了多元接触的特点，并从方言接触视角进行了方言区属认定的个案探讨。

图书在版编目（CIP）数据

湖南郴州地区汉语方言的接触研究 / 胡斯可著 . -- 北京：中国纺织出版社有限公司，2022.8
ISBN 978-7-5180-9819-4

Ⅰ . ①湖… Ⅱ . ①胡… Ⅲ . ①湘语－方言研究－郴州 Ⅳ . ①H174

中国版本图书馆 CIP 数据核字（2022）第 159355 号

责任编辑：闫 星　　责任校对：高 涵　　责任印制：储志伟

中国纺织出版社有限公司出版发行
地址：北京市朝阳区百子湾东里 A407 号楼　邮政编码：100124
销售电话：010—67004422　传真：010—87155801
http://www.c-textilep.com
中国纺织出版社天猫旗舰店
官方微博 http://weibo.com/2119887771
天津千鹤文化传播有限公司印刷　各地新华书店经销
2022 年 8 月第 1 版第 1 次印刷
开本：880×1230　1/32　印张：7.25
字数：205 千字　定价：88.00 元

凡购本书，如有缺页、倒页、脱页，由本社图书营销中心调换

前言

湖南郴州地区的汉语方言极为丰富、复杂，无论是方言的种类，还是方言的分布，都很具特色。汉语各大方言中，官话、赣方言、客家方言以及湘方言在郴州地区都有分布。这些方言，有的呈大范围区域的连续分布，有的则散布各处形成地理上断续的方言岛，有的则是两种方言并存于同一语言集团内部，构成了郴州地区汉语方言的多元接触特点，在方言之间发生了丰富而复杂的方言接触演化。

全书共分为六章。

第一章概述郴州地区的地理人口及建制沿革，介绍郴州地区的汉语方言，对 20 世纪以来郴州地区的方言研究状况进行述评，简要回顾了语言接触研究的进展，交代了本书的研究内容、方法和意义以及方言代表点、语料来源和调查合作人情况。

第二章讨论郴州地区地缘接触引发的方言接触。

第三章讨论郴州地区双方言区内的方言接触。

第四章讨论郴州地区综合性的方言接触。

第五章对以上的讨论予以总结，在集中描写和分析地缘接触引发的方言接触、双方言区内的方言接触以及综合性的方言接触三大类型的基础上，从宏观方面和微观方面归纳郴州地区方言接触的特点。

第六章从方言接触视角进行方言区属认定的个案分析,对方言属性颇有争议的永兴话的归属问题进行探讨。

由于作者水平有限,书中疏漏和不当之处在所难免,敬请读者给予批评指正,我的邮箱号是 602874319@qq.com。

胡斯可

2022 年 4 月

目 录

第一章　绪论 ·· 1

第一节　郴州地区的地理人口及建制沿革 ···················· 1
第二节　郴州地区的汉语方言 ································ 14
第三节　郴州地区方言研究述评 ······························ 19
第四节　语言接触与语言接触研究的简要回顾 ·············· 26
第五节　本书研究内容、方法和意义 ························ 29
第六节　方言代表点、语料来源和调查合作人情况 ········ 31
第七节　本书所用音标符号及其他 ·························· 33

第二章　地缘接触引发的方言接触 ······················ 35

第一节　郴州市区、永兴碧塘乡、永兴城关镇、
　　　　湘永煤矿矿本部的方言接触 ···················· 35
第二节　永兴柏林镇、安仁龙海镇的方言接触 ·············· 68
第三节　桂东城关镇、汝城城关镇与资兴兴宁镇
　　　　的方言接触 ·· 73

第三章　双方言区内的方言接触 ·························· 95

第一节　临武城关镇的方言接触 ···························· 97
第二节　嘉禾广发镇的方言接触 ···························· 114

第四章　综合性的方言接触 ································ 125

第一节　宜章赤石乡、杨梅山煤矿矿本部的方言接触······ 126
第二节　桂阳敖泉镇、桂阳流峰镇的方言接触············· 137

第五章　郴州地区汉语方言接触的特点···················· 153

第一节　宏观层面的特点·································· 153
第二节　微观层面的特点·································· 158

第六章　永兴城关话的归属问题
——从方言接触视角看方言区属认定的个案分析···163

第一节　永兴方言及永兴方言研究现状述评·············· 163
第二节　永兴城关话和湘、赣、西南官话各方言代表点
　　　　语音条件的比较·································· 166
第三节　社会人文历史背景方面的考察·················· 183
第四节　结语··· 186

附录：湖南永兴赣方言同音字汇·························· 187

参考文献··· 215

后　记··· 223

第一章 绪论

第一节 郴州地区的地理人口及建制沿革

一、地理人口

郴州市位于湖南省东南部,地处南岭山脉与罗霄山脉交错、长江水系与珠江水系分流的地带,地理坐标为东经112°13′～114°14′、北纬24°53′～26°50′。郴州北瞻衡岳,南恃五岭,自古以来为中原通往华南沿海的"咽喉"要冲,东界江西省的遂川县、上犹县、崇义县,南邻广东省的仁化县、乐昌市、乳源瑶族自治县、阳山县、连州,西接永州市的蓝山县、宁远县、新田县,北连衡阳市的常宁市、耒阳市、衡南县、衡东县和株洲市的攸县、茶陵县、炎陵县,素称湖南的"南大门"。

全市总面积约2万平方千米,占湖南全省总面积的9.4%,居全省第四位。2001年年末总人口为455.96万,其中城镇人口占总人口的26%,乡村人口占74%。现辖2区、1市、8县,2区即北湖区(原郴州市)和苏仙区(原郴县),1市指资兴市,8县分别是桂阳、永兴、宜章、嘉禾、临武、汝城、安仁、桂东。各市县地域和人口相差较大,其中桂阳县面积为3 000平方千米,人口70

多万，为全市最大的县份，桂东县人口最少，约15万，面积最小的是嘉禾县，不到700平方千米，也是省内面积最小的县份。

郴州市地貌复杂多样，以山地和丘陵为主（约占总面积的3/4）。地势东南高西北低，东南部以山地为主体，西北部以丘陵、岗地、平原为主，平均海拔为400米。最高为桂东县齐云山，是五岭诸广山脉的主峰，海拔2 061.3米，最低为安仁县渡口乡过家村蔡家屋，海拔仅70.76米。境内海拔千米以上的山峰有数百座，主要高山有万洋山、诸广山、莽山、骑田岭、香花岭、泗州岭、八面山等，均属南岭山系，其中的骑田岭横亘南北，为湘江和珠江水系的分水岭。郴州市东部的桂东县、汝城县、资兴市分别处于罗霄山脉的中段和南端，西面嘉禾县属萌渚岭山系的九嶷山区。境内河流纵横，武水、春陵江、耒水、郴江、东江、永乐江为其主要河流。武水南流经临武、宜章，入广东韶关汇入珠江水系的北江。春陵江古称桂水，源于蓝山县，合舜水、俊水为钟水，经嘉禾、桂阳、耒阳，在衡阳常宁市汇入湘江。耒水纳资兴东江、苏仙区郴江，经永兴、耒阳，于衡南入湘江。永乐江经永兴、安仁，至攸县、衡东，流入湘江。

郴州属亚热带季风性湿润气候区，因南北气流受南岭山脉综合条件（地貌、土壤、植被、海拔）影响，太阳辐射形成多种类型的立体分布，辐射强度和年均气温均居全省首位。多年平均降水量1 452.1毫米，比全省平均数多19.7毫米，为全国多年平均降水量的2.22倍，为世界大陆多年平均降水量的1.3倍。具有四季分明、春早多变、夏热期长、秋晴多旱、冬寒期短的特点。

郴州资源丰富，素有"中国有色金属之乡""南方重点林区""湖南能源基地"之称。全市已探明各种金属矿物 7 类 70 多种，有色金属储量占湖南全省总储量的 2/3。其中，钨、铋、钼储量居全国第一，锡、锌储量居全国第三位、第四位。湖南柿竹园有色金属有限责任公司被誉为世界"有色金属博物馆"。崛起于"零资源"土地上的永兴年产白银 1 800 多吨，占全国白银产量的 1/4，被称为"中国银都"。此外，区内石墨储量占全国储量的一半以上，煤炭储量占全省储量的 1/4，资兴矿务局、梅田矿务局、白沙矿务局是华南能源的重要供应地。全市水能资源丰富，水能蕴藏量 170 万千瓦，是我国小水电基地之一。全市森林覆盖率达 62.4%，是华南地区天然的绿色宝库。宜章县莽山 6 666.7 万平方米原始次森林是中国南北动植物的汇集地，被誉为"第二西双版纳"，现为国家级森林公园，莽山林场是我国热带、亚热带、温带植物的汇聚地，有"中国树木园"之称，为自然资源保护区。郴州旅游资源尤为丰富，集奇、险、秀、美于一体，聚山、水、洞、泉于一身，融自然风光、历史文化、现代精神于一炉，是一个以生态休闲、漂流探险、温泉健身为主要特色的新兴旅游胜地，全市著名的生态旅游区（点）星罗棋布：灵气俊秀的"天下第十八福地"苏仙岭，蓄水 82 亿立方米的"湘南洞庭"东江湖，"中国生态第一漂"东江生态漂流，丹霞地貌胜境、国家地质公园飞天山，我国南方唯一对外开放的国际狩猎场五盖山，"世界洞穴奇观"万华岩，温泉疗养休闲胜地天堂温泉、永兴悦来温泉、"灵泉圣水"汝城热水温泉，"动植物基因库"莽山国家森林公园，"丹崖绿水"便江，生态乐园王仙岭，"江南内蒙"仰天湖高山草原……无不令海内外游客心旷神怡,流连忘返。

郴州历来被称为"楚粤之孔道",目前已形成了高速公路、国道纵贯南北,高等级公路、省道横卧东西的四通八达的交通格局。国家交通"大动脉"京广复线电气化铁路,京广高速铁路,公路 107 国道、106 国道纵穿郴州南北,为南来北往的人流、物流提供了畅通的道路。北上长沙,南下广州,可以朝发午至。进入 21 世纪,京珠高速公路的贯通,更使郴州便捷的交通"如虎添翼",南北交通,更为便利。省道 1806 线、1803 线和郴资桂、桂嘉高等级公路贯通东西,东连江西、西接广西,从而构成了"三纵三横"的立体交通网络。到 2001 年年底,通车总里程达到 16 152 千米,通村公路率 99.19%,居全省第一位。其中,全市高等级公路累计达 232 千米,11 个县(市、区)中已有 6 个通了高等级公路,居全省领先地位。郴州已成为湘南、赣南、粤北的交通枢纽和物资集散要地。

二、建制沿革

郴州是一座具有悠久历史的城市。在桂阳县境内发现的旧石器时代晚期的刻纹骨椎表明,早在一万多年前,就有原始人在郴州一带繁衍生息。"郴"字独属郴州,最早见于秦朝,为篆体"郴",由林、邑二字合成,意谓"林中之城"。"郴"字见之于史传,是汉代司马迁所写《史记》,其中记载"(项羽)乃使使徙义帝长沙郴县"。从此,"郴"字赫然纸上,脍炙人口。郴州有文字可考的历史,已有两千余年。

公元前 221 年,秦始皇统一天下,分天下为三十六郡,在湖南置黔中、长沙二郡，始建郴县，隶属长沙郡。西汉元鼎四年（公元前113年），汉高祖设桂阳郡，治所就在郴县。明《万历郴州志》："高祖五年分长沙南郡为桂阳郡，领郴、便（今永兴之始）、临武、耒阳、南平（今蓝山）、阳山、桂阳（今连县）、洭浦（今含光）、曲江（今韶关）、阴山（今攸县）、浈阳（今英德）十一县。"可见当时的桂阳郡跨越岭南岭北，包括今湘南和粤北的广大地区。始建国元年（9年），大司马王莽篡汉王位称帝，改"桂阳郡"为"南平郡"，"郴县"为"宣风"，"临武"为"大武"，"便县"为"便屏"，"曲江"为"除虏"，"浈阳"为"基武"，并移郡治于耒阳（改名南平亭）。东汉光武帝刘秀废"新"后，还郡治于郴县，恢复郡县原名。顺帝永和元年（136年），分郴地始置汉宁县（今资兴），从桂阳郡。

三国吴建兴元年（252年），改汉宁为阳安县。赤壁之战后，桂阳郡划属东吴，甘露元年（265年），吴末帝孙皓将岭南五县曲江、桂阳、洭浦、浈阳、阳山从桂阳郡划出，并另立始兴郡，划阴山入湘东郡。桂阳郡辖郴、便、临武、阳安、耒阳、南平6县，此后辖地不再跨越南岭，今郴州政区地域基本界定。西晋太康元年（280年），阳安县更名晋宁。东晋建武元年（317年），分郴县地立平阳郡领平阳县（今桂阳县），始一分为二郡。穆帝升平二年（358年），析晋宁县地始置汝城县，从桂阳郡。南朝宋齐时期，桂阳郡称桂阳国，便县、晋宁先后并入郴县，桂阳国统郴、耒阳、南平、临武、汝城5县。梁时废桂阳国始置郴州，不久复称桂阳郡。梁天监六年（507年），割耒阳渡属湘东郡。陈天嘉元年（560年），以桂阳郡之汝城县置卢阳郡，领卢阳县，则一地三郡。陈末，平阳郡、县并入郴县，桂阳郡辖郴、便、临武、南平4县。

隋开皇九年（589年），三郡合为郴州。隋文帝间改桂阳郡为郴州太守，南平析入临武，改汝城为卢阳，郴州辖郴、卢阳、临武3县。隋炀帝改郴州太守为桂阳太守，恢复晋宁旧制，并更名晋兴。大业十三年（617年），废郴州复桂阳郡，析郴县南始置义章县（今宜章），分郴县西复置平阳县。桂阳郡辖郴、卢阳、临武、义章、平阳、晋兴6县。唐武德初年（618年），始置安仁镇，属潭州。唐武德四年（621年），改桂阳郡为郴州太守，为刺史，隶潭州都督府。唐高宗年间，南平恢复，晋兴改称资兴。至唐元宗，割郴县北四乡置安陵，后改安陵为高亭。卢阳、南平先后改为义昌、蓝山。郴州共统8县，即郴、资兴、高亭、临武、蓝山、义昌、义章、平阳。唐贞元二十年（804年），平阳县设桂阳监，专理采铜铸钱。监仍隶属郴州。五代后唐时，义昌县更名郴义，安仁镇改安仁场（属潭州）。后晋天福年间（936年始），改郴州为敦州，郴县为敦化，资兴为资兴寨，属敦化县，平阳县、临武县先后入桂阳监。此后郴、桂分离，桂阳监单立，不再隶属郴州。后汉乾佑三年（950年），郴州、郴县复名，资兴县恢复县制，改名泰县。

北宋乾德元年（963年），郴州改为郴州军。安仁场升县，隶属衡州。太平兴国元年（976年），泰县并入郴县，为避帝讳，郴义改名桂阳，义章改名宜章。景德二年（1005年），蓝山县划入桂阳监。天禧三年（1019年），复置平阳县属桂阳监，因而桂阳监辖两县。熙宁六年（1073年），高亭县改名永兴县。南宋绍兴三年

（1133年），桂阳监升为桂阳军。绍兴十年（1140年），复置临武县属桂阳军。嘉定二年（1209年），废泰县，析郴县的资兴、程水二乡复置资兴县，属郴州军。嘉定四年（1211年），析桂阳县的零陵、宜城二乡始置桂东县，从郴州。绍定二年（1229年），资兴县改名兴宁。郴州军辖郴、宜章、桂阳、永兴、兴宁、桂东6县。桂阳军辖平阳、临武、蓝山3县。

元至元十三年（1276年），改军为路，郴县改名郴阳。次年，耒阳、常宁二县升州，由衡州划入桂阳路，桂阳路辖平阳、临武、蓝山县及耒阳、常宁2州。郴州路依旧。明洪武元年（1368年），改路为府，蓝山县复归郴州府，府辖7县；桂阳府辖常宁、耒阳2州及平阳、临武2县。次年，蓝山复归桂阳府；常宁、耒阳均复为县，渡回衡州府。洪武九年（1376年），撤销桂阳府，平阳、临武、蓝山3县归衡州府辖；郴州撤府设直隶州，郴阳县并入郴州，辖5县。洪武十三年（1380年），升平阳县为桂阳州，隶属衡州府，后辖临武、蓝山2县。崇祯十二年（1639年），析桂阳州西南之禾仓堡始置嘉禾县，并析临武县上乡八里属该县。至明末，郴州直隶州辖桂阳、桂东、永兴、兴宁、宜章5县，桂阳州辖临武、蓝山、嘉禾3县。清康熙十七年（1678年），吴三桂称帝于衡州，改桂阳为义昌县、桂阳州为南平州。几个月后均复原名。雍正十年（1732年），桂阳州升直隶州，与郴州直隶州并列。

民国元年（1912年），废府、州，存道、县。次年2月，桂阳县复名汝城。9月，郴州直隶州改为郴县，桂阳直隶州改为桂阳县。民国三年（1914年）1月，因兴宁县与广东兴宁县重名，故复名资兴县。民国十一年（1922年），撤销道制，存省、县两级。民国二十六年（1937年）6月，湖南省政府设置湖南省第八行政督察区，民国二十九年（公元1940年），改为"第三行政督察区"，辖郴县、桂阳、永兴、资兴、桂东、汝城、宜章、临武、蓝山、嘉禾10县。

中华人民共和国成立初，原第三区各县由衡阳专区代管。1949年11月，成立郴县专区。1950年11月，更名郴州专区。1952年11月，郴州、零陵、衡阳3专区合为湘南行政区。1954年7月，撤销湘南行政区，改设衡阳与郴县两个专区，郴县专区增辖新田、耒阳、安仁、酃县，共计14个县。1958年8月，设郴县郴州市。1959年1月，酃县划归湘潭专区茶陵县。3月，资兴并入郴县，桂东并入汝城称汝桂县，临武并入宜章县，嘉禾并入蓝山称蓝嘉县，新田并入桂阳县。11月，郴州市升为县级市，又以郴县鲤鱼江、资兴县三都两镇为基础成立东江市（县辖市）。1960年10月，改郴县专区为郴州专区。1961年5月，桂阳分置桂阳、新田，蓝嘉分置蓝山、嘉禾，宜章分置宜章、临武，汝桂分置汝城、桂东，郴州专区辖郴县、桂阳、永兴、资兴、桂东、汝城、宜章、临武、蓝山、嘉禾、新田、耒阳、安仁及郴州市、东江市，共2市13县。1962年10月，撤销东江市，地域分别划回郴县、资兴，12月，划蓝山、新田归零陵专区。1963年5月，撤销郴州市，仍为郴县县级镇。1967年3月，专区改称地区。1977年12月，恢复郴州市。1983年2月，耒阳县划归衡阳市，安仁县归株洲市，7月，安仁县又归郴州地区。1984年12月，资兴县改为资兴市。1994年12月，撤销郴县设立苏仙区。1995年4月，郴州地区撤地设市，原县级郴州市改为北湖区。

三、郴州市各区、市、县简介

（一）北湖区

北湖区位于郴州市中部，地理坐标为东经 112°41′～113°05′、北纬 25°25′～25°52′。东、北部与苏仙区接壤，南与宜章县、临武县交界，西与桂阳县相邻。北湖区虽为新置县级区，但历史悠久。自秦始皇二十六年（公元前 221 年）置郴县始，区境一直为郴县境域的一部分，是历代郡、州、军、路、府、区和县治所在地。1959 年 11 月，从郴县析出部分境域建立县级郴州市。1995 年 4 月，郴州地区撤地设市，原县级郴州市改为北湖区。北湖区是郴州市的政治、经济、文化中心，是具有 2 200 多年历史的省级历史文化名城，又是湖南省政府确定的全省经济发展战略重点"五区一廊"的南大门。全区总面积 826.8 平方千米，下辖 4 个街道、5 个镇、7 个乡、2 个民族乡，总人口 27.2 万。

（二）苏仙区

苏仙区位于郴州市中部，地理坐标为东经 112°54′～113°16′、北纬 25°35′～26°03′。北与永兴县接壤，东与资兴市相连，南与宜章县交界，西与北湖区、桂阳县为邻。苏仙区前身为原郴县，自秦置郴县，历经了 2 200 多年的沧桑。县城先后为郡、州、路、府、区治，是一座历史悠久的文化名城。1994 年 12 月，撤销郴县设立苏仙区。全区总面积 1 357 平方千米，下辖 2 个街道、8 个镇、9 个乡，总人口 33.78 万。

（三）桂阳县

桂阳县位于郴州市西部，地理坐标为东经 112°13′～112°53′、北纬 25°27′～26°13′。东邻北湖区，南接临武县，西与嘉禾县、新田县毗连，北与常宁市、耒阳市、祁阳县、永兴县交界。桂阳自秦末汉初设郡至今，已有 2 000 多年的历史，因此又有"楚南名区，汉初古郡"之称。在漫长的的历史变革中，桂阳先后为郡、监、军、府、直隶州治所在地，直到民国初期才定为桂阳县。桂阳在湘南一带为历代兵家必争之地，也是商贾行旅的驿路通衢，为古代中原连接南越的三个必经地之一，且居其中，地理位置相当重要。早在秦代，秦始皇派兵五十万戍五岭，汉代路博德、马援两位伏波将军先后出桂阳，征南越，都在桂阳留下了历史的印记。全县总面积 2 973 平方千米，下辖 14 个镇、23 个乡、2 个民族乡，总人口 77.8 万，是郴州市面积最大、人口最多的县。

（四）永兴县

永兴县位于郴州东南部，地理坐标为东经 112°43′～113°35′、北纬 25°58′～26°29′。东依资兴市，南邻苏仙区，西接桂阳县，北连安仁县和耒阳市。西汉高祖五年（公元前 202 年）始置便县，以境内便江得名。自汉至唐，先后有便屏县、安陵县、高亭县等不同名称。宋熙宁六年（公元 1073 年），定名永兴县，沿袭至今。全县总面积 1 979 平方千米，总人口 63.61 万，下辖 8 个镇、17 个乡，25 个乡镇中除城关镇、高亭乡、太和乡之外，其余均与外县、市交界。便江上承东江，下接湘江，直入长江，一年四季通航，是郴州市唯一的水运航线。

（五）资兴市

资兴市位于郴州东南部，地处湘粤赣三省交界处。地理坐标为东经 113°08′～113°44′、北纬 25°34′～26°18′。东邻桂东县、炎陵县，南接汝城县、宜章县，西连苏仙区，北接永兴县、安仁县。东汉永和元年开始建置，至今已有 1 800 多年的历史，1984 年撤县建市。全市总面积 2 747 平方千米，下辖 1 个街道、10 个镇、15 个乡、2 个民族乡，总人口 36 万。

（六）宜章县

宜章县位于郴州南部，地理坐标为东经 112°37′～113°20′、北纬 24°53′～25°41′。东界汝城县、资兴市，南邻广东省乐昌市、连州市、阳山县、乳源瑶族自治县，西连临武县，北靠苏仙区。隋大业十三年（公元 617 年）置义章县，北宋太平兴国元年改为宜章县，至今已有 1 380 多年的历史。全县总面积 2 142.72 平方千米，总人口 49.66 万人，下辖 11 个镇、15 个乡、1 个民族乡，其中有 16 个乡镇与广东省的县市接壤，湘粤边界线长达 220 千米，地处楚尾粤首，古称"楚粤之孔道"。

（七）临武县

临武县位于郴州最南部，地理坐标为东经 112°20′～112°47′、北纬 25°～25°35′。东连北湖区、宜章县，南邻广东省连州，北界桂阳县，西靠蓝山县、嘉禾县。临武是郴州置县历史最悠久的县之一，战国时期即设临武邑，汉高祖五年（公元前202年）建县。全县总面积1 375平方千米，下辖5个镇、16个乡、1个民族乡，总人口31万。

（八）嘉禾县

嘉禾县位于郴州西南部，地理坐标为东经112°14′～112°35′、北纬25°26′～25°47′。东临桂阳县，南邻蓝山县、临武县，西通宁远县，北连新田县。嘉禾从汉代至元代均为临武县地，明崇祯十二年（公元1639年），析桂阳州西南之禾仓堡始置嘉禾县，并析临武县上乡八里属该县，是建县较晚，也是郴州地域最小的县。全县总面积699.16平方千米，下辖8个镇、9个乡，总人口33.87万。

（九）桂东县

桂东县位于郴州东部、湘粤赣三省的接壤地带。地理坐标为113°37′～114°14′、北纬25°44′～26°13′。东毗江西遂川县、上犹县、崇义县，南临汝城县，西傍资兴市，北接炎陵县，南宋嘉定四年（公元1211年），析桂阳县（今汝城县）的宜城、零陵二乡置桂东县。清康熙十七年（公元1678年），吴三桂称帝衡州，避其讳，改桂东县为阳平县。次年2月，复名桂东县。1958年11月，桂东县、汝城县并为汝桂县（县治设汝城）。1961年5月，汝桂分县，恢复桂东县建置。全县总面积1 451.56平方千米，下辖3个镇、15个乡、1个国营林场，总人口16.961 9万，其中农业人口15.024 7万。

（十）汝城县

汝城县位于郴州东部，与广东、江西两省接壤，有"毗连三省，水注三江（湘江、珠江、赣江）"之称。地理坐标为东经 $113°16'\sim113°59'$、北纬 $25°19\sim25°52'$。东邻江西省崇义县，南连广东省仁化市、乐昌市，西接宜章县，北靠资兴市、桂东县。东晋升平二年（公元358年），析晋宁县（今资兴市）地始置汝城县，自南朝以来，有卢阳县、义昌县、郴义县、桂阳县、汝桂县等多种称谓，直到1961年5月，复称汝城县至今。全县总面积2 424平方千米，下辖8个镇、12个乡、3个民族乡，总人口36万。汝城是一个多民族县，境内居住有27个民族，人口5.8万，占郴州市少数民族人口的70%。

（十一）安仁县

安仁县位于郴州北部，地理坐标为东经 $113°05'\sim113°36'$、北纬 $26°17'\sim26°50'$。东界茶陵县、炎陵县，南邻资兴市、永兴县，西连耒阳市、衡阳市，北接衡东县、攸县，素有"八县通衢"之称。宋朝乾德三年（公元965年）始为安仁县，县名出自《论语》"仁者安仁"，故名安仁。中华人民共和国成立初期属湖南省衡阳专区，1954年划属郴县专区，1983年划属株洲市，7月复划回郴州专区。全县总面积1 462平方千米，下辖6个镇、15个乡，总人口39.4万。

第二节 郴州地区的汉语方言

根据 1987 年版《中国语言地图集》和《湖南省志·方言志》（第 25 卷），郴州地区的汉语方言除土话之外，主要有湘南土话、西南官话、赣方言、客家方言、湘方言五大方言，下面逐一介绍。

一、湘南土话

《中国语言地图集》指出："西南官话十六个县市对外讲西南官话，对内讲土话，各县的土话不一致，彼此不易通话。"当时的处理是把土话列为未分区的汉语方言，把湖南南部一带的土话总称为湘南土话。郴州境内使用湘南土话的有桂阳、宜章、嘉禾、临武 4 县，每县的土话根据语音特点的近似又可分为若干片，具体分布如下。

（一）桂阳县

全县土话使用人口约 40 万，境内土话大致可分为 5 个片：

（1）流峰片，分布在桂阳县西北部，包括流峰镇、莲塘镇、塘市镇、欧阳海乡、光明乡、白水乡、四里乡、板桥乡、泗洲乡、华泉乡、十字乡（部分）、六合乡（部分）、华山瑶族乡、杨柳瑶族乡等地。

（2）飞仙片，分布在桂阳县西部，包括飞仙镇、余田乡、十字乡（部分）、六合乡（部分）、古楼乡、樟木乡等地。

（3）洋市片，分布在桂阳县北部，包括洋市镇、和平镇、敖泉镇、东成乡、雷坪乡、青兰乡、桥市乡等地。

（4）仁义片，分布在桂阳县中东部，包括樟市镇、黄沙坪镇、方元镇、银河乡、浩塘乡、燕塘乡、团结圩、城郊乡、正和乡、仁义圩等地。

（5）荷叶片，分布在桂阳县南部，包括荷叶镇、太和镇、清和乡等地。

（二）宜章县

全县土话使用人口约40万，境内土话大致可分为3个片：

（1）赤石片，分布在宜章县东北部，包括瑶冈仙镇、杨梅山镇（部分）、长策乡、里田乡、新华乡、平和乡、赤石乡等地，当地人称作"上乡话"。

（2）梅田片，分布在宜章县中部，包括麻田镇、梅田镇、浆水乡等地。

（3）一六片，分布在宜章县南部，包括迎春镇、一六镇、岩泉镇、黄沙镇、栗源镇、长村乡、东风乡、白沙乡、笆篱乡、天塘乡、关溪乡、莽山乡等地，当地人称作"下乡话"。

（三）嘉禾县

全县土话使用人口约34万，境内土话大致可分为5个片：

（1）广发片，分布在嘉禾县西部，包括城关（珠泉）镇、袁家镇（部分）、车头镇、广发乡、坦坪乡、莲荷乡、盘江乡、钟水乡、石羔乡、田心乡等地。

（2）石桥片，分布在嘉禾县北部，包括肖家镇（部分）、石桥乡等地。

（3）普满片，分布在嘉禾县东部，包括肖家镇（部分）、行廊镇、普满乡、龙潭乡等地。

（4）塘村片，分布在嘉禾县南部的塘村镇一带。

（5）泮头片，分布在嘉禾县东南部，包括袁家镇（部分）、泮头乡等地。

（四）临武县

全县土话使用人口约 28 万，境内土话可分为 5 个片：

（1）城关片，分布在临武县南部，包括城关镇、武水镇、南强乡、土桥乡、双溪乡、花塘乡（部分）、西山林场等地。

（2）楚江片，分布在临武县西部，包括楚江乡、武源乡、花塘乡（部分）等地。

（3）麦市片，分布在临武县北部，包括香花岭镇、麦市乡、三合乡、镇南乡、万水乡、大冲乡（部分）、东山林场等地。

（4）汾市片，分布在临武县东部，包括汾市乡、土地乡、同益乡（部分）、大冲乡（部分）等地。

（5）金江片，分布在临武县东北部，包括金江镇、接龙乡、水东乡等地。

二、西南官话

西南官话是郴州地区使用人口最多、分布地域最广的汉语方言。西南官话的使用者有两类：一是以西南官话为母语的使用者，二是西南官话和土话的双方言使用者。具体分布如下：

（1）北湖区与苏仙区所辖各乡镇全部说西南官话，区内无土话，其中北湖区为官话中心。

（2）桂阳县官话区主要分布在舂陵江以南，包括城关、城郊、团结、东城、太和、正和、樟市、荷叶等乡镇。

（3）宜章县的西南官话，又叫"宜章话"，分布在上乡片的城关、城南、太平里、沙坪、白石渡、杨梅山（部分）等乡镇。此外，在下乡片的笆篱、岩泉、栗源、一六、白沙、天塘等乡镇的部分地方，有被称为"打[ŋomen]"的方言，与宜章话接近，属于西南官话。

（4）资兴市的官话主要分布在鲤鱼江镇、东江镇、高马乡一带。

（5）永兴县的官话主要分布在湘阴渡镇、碧塘乡。

（6）临武县、嘉禾县全县为双方言区，包括县城在内，都通行官话。

三、赣方言

郴州境内的赣方言主要分布在资兴、永兴及安仁，属于耒资片。

四、客家方言

郴州境内的客家方言主要分布在汝城县、桂东县、资兴市、安仁县、宜章县、临武县及桂阳县，根据语音特点的近似又可分为 3 个片，具体分布如下：

（1）汝桂片，这是郴州客家话的中心地带，包括汝城县（大部分）和桂东县（大部分）两地。

（2）资宜片，包括资兴市黄草镇的羊兴、源兴、龙兴、冠军、乐垌、黄家，汤市乡的青林、坪子，皮石乡的皮石等 9 个村，安仁县的关王、豪山、羊脑三个乡的部分村落，汝城县的热水、东岭、大坪、井坡、小垣、延寿、盈洞等乡镇，桂东县的清泉镇、桥头乡及寒口乡的部分村落，宜章县的城关、栗源、岩泉、关溪、一六、笆篱、黄沙、东风、天塘、莽山、白沙等乡镇的部分村落。

（3）临桂片，包括临武县的麦市、万水、三合、镇南、大冲、香花等乡镇和桂阳县的流峰镇。

五、湘方言

郴州境内使用湘方言的主要是由于矿山的成立迁徙而来的原籍湘中、湘北一带的居民，他们的方言在当地话的包围之下形成了"湘方言岛"，包括苏仙区内的东波有色金属矿、玛瑙山锰矿，永兴县内的湘永煤矿、马田煤矿、永红煤矿，桂阳县内的黄沙坪铅锌矿、宝山铅锌银矿、雷坪有色矿，宜章县内的瑶岗仙钨矿、杨梅山煤矿，临武县内的香花岭锡矿，资兴新区，资兴矿务局各矿。

第一章 绪论

第三节 郴州地区方言研究述评

一、郴州地区汉语方言的早期研究

20世纪以来，郴州地区的方言研究肇始于赵元任等老一辈语言学家。1935年秋季，中央研究院历史语言研究所赵元任、丁声树、杨时逢、董同和、吴宗济到湖南做方言普查，调查了75个县的方言，基本上是一县布一点，调查点或在县城，或在乡村。其中，他们在郴州境内的各县市分别选择了一个调查点，调查对象多为通行于城区的"官话"。这次调查是运用现代国际音标记录郴州汉语方言的开山之举，其注重日常生活中的口头语言，运用了历史比较语言学的理论，注意比较不同方言点材料的异同，探讨古今语音的演变，在湖南方言研究的历史上具有划时代的意义。时隔二十余年后，调查材料经杨时逢先生在中国台湾汇集整理，相继发表出版了《湖南方言声调分布》（1957年）、《湖南方言极常用的语汇》（1967年）、《湖南方言调查报告》（1974年）3篇论著。在《湖南方言声调分布》中，整理者尤为敏锐地注意到郴州嘉禾等地独特的双方言现象，对外使用西南官话，对内使用土话。虽然这次调查没有系统地描写土话语音，但《湖南方言调查报告·极常用词表》对土话的部分常用词的音节进行了记录，其中就有嘉禾（城关）土话的47个音节和宜章（梅田）土话的29个音节。这是现存最早的反映郴州土话语言面貌的文献资料，对研究郴州的土话具有重要的文献价值。

1956年到1960年，湖南省开展了大规模的汉语方言普查，对全省81个县市进行了方言调查。1960年9月，湖南师范学院中文系汉语方言普查组编印了《湖南省汉语方言普查总结报告（初稿）》。报告在"后记"中指出："……湘南零陵、道县、江永、江华、宁远、新田、嘉禾、蓝山等地，通行两种方言。与外人交谈时，用的是比较容易懂的西南方言，自己交谈时则说当地土话。这些地区记录的材料不一致。蓝山、嘉禾，我们只记录了土音，没有记录西南方言，其他地区，我们只记录了西南方言，却没有记录土话。"报告所记的嘉禾土话是第一次对郴州境内单点方言的系统调查记音。

二、郴州地区湘南土话的研究

到了20世纪80年代，在方言学蓬勃发展的大环境下，郴州地区的方言也逐渐引起了一些学者的研究兴趣。如果把郴州地区的方言研究比作一场盛会，那么其中的湘南土话研究，正是让这场盛会更为引人注目的耀眼元素。一批研究成果纷纷面世，其涉及领域之广、登载论文刊物的级别之高、持续时间之长，必然在郴州乃至湖南方言的研究史上留下浓墨重彩的一笔。

湘南土话的语音研究包括两方面的内容：一是音系的描写研究，仅仅在国家汉语核心期刊《方言》杂志上发表的文章就有多篇，如《湖南桂阳县敖泉土话的同音字汇》（范俊军，2000）、《湖南桂阳县燕塘土话语音特点》（唐湘晖，2000）、《湖南嘉禾土话的特点及内部差异》（卢小群，2003）、《湖南临武（麦市）土话语音分析》（陈晖，2002）、《湖南宜章大地岭土话的语音特点》（彭泽润，2002）等；二是对语音突出特点的成因分析，如《湘南嘉禾土话的几个语音现象及其成因探析》（范俊军，2000）、《湘南、粤北土话古全浊声母送气/不送气成因初探》（曾献飞，2005）。

词汇研究是方言研究的重要课题，对全面展现方言的整体面貌具有重要意义。《湖南桂阳敖泉土话方言词汇》（范峻军，2004）、《桂阳方言词典》（范峻军，2008）、《湖南省临武县麦市土话词汇研究》（郭义斌，2009）是这一方面的代表。除了客观记录单点方言的词汇外，湘南土话词汇研究还特别探究了语汇丛林中的底层词，如《湘南土话中的底层语言现象》（罗昕如，2004）以与湘南地区古百越和蛮两个集团有继承关系的壮侗语族和苗瑶语为参照，从语音、词汇等方面例析了湘南土话中的底层语言现象。另一个研究关注点是通过对比词汇异同为土话系属的判定提供依据，如《从词汇看粤北土话与湘南土话的异同及系属》（范俊军，2000）等，其中较突出的是专著《湘南土话词汇研究》（罗昕如，2003），该书以大量词汇素材为基础，归纳湘南土话词汇的特点，阐释了各土话点之间的关系及与周边方言的关系。

语法研究方面，以《嘉禾土话"一二两"的读音及用法》（谢伯端，1987）为首篇在《方言》杂志上发表的论文，主要论文还有《湖南临武话的一些语法特点》（张大旗，1983）、《湘南土话中的通用型量词》（罗昕如，2003）、《湘南桂阳六合土话的否定词》（邓永红，2006）；《湘南土话代词研究》（卢小群，2003）和《桂阳土话语法研究》（邓永红，2007）是两部具有开创意义的研究湘南土话语法的博士学位论文，为这一学术热点又增添了一把柴薪。先后公开出版的单点研究的专著有3部：《临武方言：土话与官话的比较研究》（李永明，1998）、《宜章土话研究》（沈若云，1999）、《嘉禾土话研究》（卢小群，2002）。这些著作都从语音、词汇、语法的角度对单点方言进行了全面研究。特别是《嘉禾土话研究》以语法作为研究重心，从构词法、句法、虚词等方面进行探讨，并提供了丰富翔实的语料。

湘南土话的归属问题向来众说纷纭。博士学位论文《湘南土话之比较研究》（王本瑛，1997）提出"湘南土话是平话的一支"的观点，另一篇博士学位论文《郴州土话语音及词汇研究》（范峻军，1999）首次集中地以郴州境内的方言为对象进行了描写和分析，通过对郴州地区的23个方言点的语音和词汇的调查研究后指出"综合语音与词汇考虑，将郴州土话视为湘赣特征略微明显且揉合客方言特征的一种混杂性方言，基本上是符合语言实际的"。2000年，国内著名方言学家王福堂在《方言》上发表《平话、湘南土话和粤北土话的归属》，其后又有鲍厚星在《方言》上先后发表《湘南东安型土话的系属》（2002）、《湘南土话系属问题》（2004）两篇论文，使这一问题逐渐明朗。其中，《湘南土话系属问题》结合社会人文历史背景和音韵特征两方面，把湘南地区永州、郴州两地的土话归为四种主要类型，认为郴州土话中的"清音送气型"和"清音不送气（并定）+送气（群从澄崇）型"都可以用较宽的尺寸划入客家方言或赣方言。2007年，陈晖、鲍厚星联合在《方言》上发表《湖南省的汉语方言（稿）》，明确指出宜章县的城关、栗源、岩泉、关溪、一六、笆篱、黄沙、东风、天塘、莽山、白沙等乡镇的部分村落，临武县的麦市、万水、三合、镇南、大冲、香花等乡镇，桂阳县的流峰，通行的土话实际上属于客家方言。

《湘南地区土话的分布及其研究概述》（卢小群，2003）、《"湘南土话"研究概述》（谢奇勇，2005）对湘南土话的研究情况进行了整体述评。作为湘南土话各方面研究成果的汇总，鲍厚星主编的《湘南土话论丛》（2004）共收入 29 篇论文，内容分 5 类：外部比较，即湘南土话与非湘南土话的比较；内部比较，即湘南土话内部差异的考察；语音描写；词汇、语法研究；归属问题探讨。2002 年 11 月"湘南土话及周边方言国际学术研讨会"在长沙召开，作为一次承前启后、引路领航的会议，它为后来几年土话探索、研究的主要方向做出了规划。

三、郴州地区官话、赣语、客家话等方言的研究

郴州地区的官话研究主要体现在语音和语法方面。湖南省公安厅根据语言识别工作的需要，在 1988 年聘请专家培训方言调查骨干，经过数年调查、整理、审订，在 1993 年 10 月正式出版了《湖南汉语方音字汇》。该书从湖南各种方言中选出 22 个代表点，每个点选用 2 962 个字比较，正文前有各点方言音系简介，其中涉及郴州地区的仅有郴州市区 1 个方言点。博士学位论文《湘南官话语音研究》（曾献飞，2004）以作者的亲身调查结果为依据，参考大量的历史文献和语言学资料，对包括郴州在内的湘南地区官话的音韵特点进行了较深入的研究。语法研究或探讨特殊句式如《郴州方言的"把"字句》（张利莹，2006），或聚焦体貌标记如《郴州话的完成体标记"地"及相关问题》（欧洁琼，2007）。

《安仁方言》（陈满华，1995）、《资兴方言》（李志藩，

1996）两部单点方言研究著作先后公开出版，对两地的赣方言进行了较全面的研究。《桂东方言同音字汇》（崔振华，1997）对桂东的词汇做了详细的记录。《试论湖南汝城话的归属》（陈立中，2002）、《汝城话的音韵特点》（曾献飞，2002）、《湖南资兴方言的音韵特点及其归属》（李冬香，2006）三篇论文探讨了汝城、资兴两地内部方言的归属。《湖南客家方言音韵研究》（陈立中，2002）、《客家方言的语音研究》（谢留文，2002）、《湖南赣语语音研究》（李冬香，2005）等三篇博士学位论文，参考大量的历史文献和语言学资料，通过历时与共时等方法对湖南境内包括郴州的客家方言、赣方言的音韵特点进行了全面细致的研究。

四、郴州地区汉语方言的综合研究

郴州市及下辖县（市）的地方志自20世纪80年代末起相继出版，其中的"方言"章、卷也描写了地方方言的语音、词汇和语法的大致情况，记录了部分民谣谚语。如《郴州地区志·方言》（1996）、《临武县志·方言》（1989）、《桂阳县志·方言》（1994）、《永兴县志·方言》（1994）、《安仁县志·方言》（1996）和《汝城县志·方言》（1997）等。略显遗憾的是，这些"方言"章、卷的记音及描述的准确性相较严谨的学术研究还存在一定差距。

《郴州汉语方言概述》（单泽周，1997）全面阐释了郴州地区汉语方言的区划及形成原因。《湘南（郴州）双方言的社会语言学透视》（范俊军，2000）从社会语言学角度，考察和研究湘南郴州双方言区的语言生活，发现人们阅读和写作的思维语言以县城官话为主，在土话社区内，人们对官话有一定的排斥行为，

第一章 绪论

在母方言外社区，对官话表现出趋附心态。

郴州方言的研究不能游离于与之唇齿相依的人文背景、地域环境。对郴州方言研究工作者来说，进入21世纪以来，文化语言学已不再是一种美丽而苍白的学术姿态，而是一条充满热情与信念的康庄大道。在这门新兴学科的影响下，学者们不倦地跋涉，收获了新的硕果，开拓了新的天地。《郴州文化溯源》（何琦，2000）、《郴州俗语的文化特征》（邓红华，2007）等论著都从文化语言学的视角切入，分析了地理生态、传统习俗、经济发展等诸多文化因素和郴州俗语、特色语词产生的密切关系。

郴州地区的汉语方言研究任重道远，就研究现状而言，笔者认为还有以下问题值得重视。

第一，研究理论和方法需要方言学、历史语言学及社会语言学等多学科的融合。湘语是湖南最具影响力的方言，西南官话又是郴州地区的强势方言，加之历史上江西移民的赣语侵蚀，长期的语言接触引发丰富的语言变异和融合，因此把方言学、历史语言学及社会语言学等理论相结合既是研究深入的前提，也是由对象本身的特殊性所决定的。此前的研究成果大多从方言学的角度进行调查研究，从语言接触角度开展研究的较少。

第二，不能局限于静态式和孤立式的研究，而忽略对方言底层的挖掘和演变轨迹的探寻。既往的研究成果反映了方言的基本面貌和特点，但郴州地区最具特色的方言接触情况，未能得到更多反映和揭示。不少研究都是聚焦某县（市）的一个方言点，没有通过对多点方言的比较分析来探究方言的底层来源，勾勒出底层方言在多点的演变轨迹。此外，郴州的方言岛的情况，除部分学者有所论及外，也未能有更多的具体语言事实的反映。

第四节　语言接触与语言接触研究的简要回顾

　　语言接触是人类语言发展过程中常见的现象。民族之间的贸易往来、文化交流、移民杂居、战争征服等各种形态的接触，都会引起语言的接触。所谓"语言接触"（language contact）是指不同的语言或方言在一定的环境中，经过长期的或短期的频繁交际而互相影响、互相渗透的一种语言现象，它造成了语言的语音结构、词汇系统和句法结构的变化。这种接触不是语言自身的作用，而是通过它的载体——中介人的相互往来而实现的。在同一个地区之内，如果分布有不同区属的方言，由于地缘相连，居民在日常生活当中交往更为频繁，联系紧密，不同方言间的接触及其相互影响还要常见一些。语言接触是语言或方言演变和发展的推动力之一，研究语言接触是研究语言或方言演变的重要途径。戴庆夏（2002）曾经提到，语言接触研究，能使语言研究进入一个更为完善、更为科学的领域，它帮助人们更好地把握语言的特点，从而进一步改善语言共时、历时研究的理论与方法，具有重要的语言学理论价值。

　　语言接触现象很早就受到西方语言学家的关注。Schmidt、Humboldt、Schuchardt、Sapir、Bloomfield等西方语言学家都从不同角度讨论过语言接触现象。Weinreich（1953）开创了从社会语言学角度研究不同语言之间聚合现象的范式，奠定了接触语言学的理论基础。国外语言接触的研究总体上分为两类。一是语言接触现象。基于调查分析总结语言接触的规律，如 Aikhenvald 和 Alexandra（2002）对亚马孙流域语言的分析，Trudgill（1987）对柯因内语的研究等。二是语言接触理论，如特鲁别茨科依（1939）提出"语言联盟"假说，Weinreich（1953）区分"转用""转换"和"干扰"，Tomason 和 Kaufman（1988）区分"底层迁移"和"借用迁移"，Zuckermann（2000）创立"本土化理据论"（FEN）等。

在我国，语言接触问题是中华人民共和国成立后才引起关注的。早在 20 世纪 50 年代中期我国就对全国少数民族语言开展了大调查工作。在调查中，普遍重视由语言接触引起的语言变异，但偏重对语言事实的挖掘，并没有从理论上进行探讨。到了 20 世纪 80 年代初期，随着描写语言学和历史语言学的进一步发展，加上西方语言学理论的传入，语言接触引起了我国学者的重视和关注，开始重视对语言接触进行理论、方法的研究。中央民族大学语言学系出版的《语言关系与语言工作》《汉语和少数民族语言相互关系研究》《汉语和少数民族语言关系概论》三本专著，以及数量众多的语言接触论文，反映了这一时期语言接触的进展。不少学者依据对一手材料的分析提出了许多创见性观点，如"叠置式音变"（徐通锵，1991）、"语义学比较法"（邢公畹，1993）、"关系词阶"（陈保亚，1996）、"互补与竞争"（戴庆厦、袁焱，2002）、"关系词分层法"（曾晓渝，2004）等，深化了对语言接触尤其是汉民语接触问题复杂性的认识。

2000 年 8 月，香港城市大学语言资讯科学研究中心主办了

"语言接触国际圆桌学术会议",专门就语言接触问题进行了广泛的探讨,这是在我国举办的第一次以"语言接触"为中心议题的学术会议。会后出版的论文集包括四方面的内容:语言接触的理论探讨和宏观考察;中国少数民族语言接触问题;汉语方言接触问题;汉语和外语的语言接触及其文化交流。自此,语言接触逐渐成为语言学界学术研究的热点。

近年来,语言接触研究的繁荣局面主要体现在四个方面。

第一,越来越多的博士学位论文以语言接触为主题,在充分发掘语言事实的基础上进行深入的理论归纳与分析,如胡松柏的《赣东北汉语方言接触研究》、曹道巴特尔的《蒙汉历史接触与蒙古族语言文化变迁》、方欣欣的《语言接触问题三段两合论》、袁炎的《语言接触与语言演变》。

第二,登载论文刊物的级别非常高,其中在《中国语文》《语言研究》《民族语文》等核心期刊刊发的学术论文就有数十篇,影响力不可谓不显著。

第三,中国语言及方言语言接触问题学术研讨会、语言接触与语言比较国际学术研讨会、汉语史中的语言接触专题研讨会、历时演变与语言接触:中国东南方言国际研讨会等以"语言接触"为中心议题的学术会议纷纷召开,关注语言接触的学者不断增多,形成了一个有力的研究语言接触的团队。

第四,国家社科基金给予了肯定和大力扶持,涌现出一批以语言接触事实和理论为研究对象的国家社科基金项目,如邓晓华主持的《汉语方言研究与语言接触理论的建构》、龙国富主持的《语言接触与东晋译经断代语法研究》、邓玉荣主持的《语言接触视角下的两广交界处勾漏粤语研究》。语言接触研究呈现出越来越广阔的发展前景。

第五节 本书研究内容、方法和意义

一、本书研究内容

本书从方言接触的角度，对郴州地区的方言进行研究。笔者把郴州境内的方言接触分为地缘接触引发的方言接触、双方言区内的方言接触以及包含以上两种类型的综合性方言接触三种类型，以此作为横轴；厘清郴州境内西南官话、赣语、客家语以及湘语具体分布状况，在三种类型中贯之以不同属性方言的接触，以此作为纵轴。将纵横轴相结合，主要从语音、词汇的角度对发生接触关系的方言进行全面的描述和综合的比较分析，归纳出郴州地区汉语方言之间接触影响的特点，并从方言接触的视角对个别的方言区属存有争议的方言进行新的探讨。

二、本书研究方法

本书主要采用田野调查、静态描写、比较和归纳的方法，以调查取得的郴州地区汉语方言的第一手材料为基础，在多方面比较分析的基础上进行系统归纳。

三、本书研究意义和价值

郴州地区的汉语方言极为丰富、复杂。无论在方言的种类上，还是在方言的分布上，郴州的方言都很具特色。汉语各大方言中，官话、赣语、客家话以及湘语在郴州地区都有分布。这些方言，有的呈大范围区域的连续分布，有的则散布各处形成地理上断续的方言岛。

由于多种方言共处，郴州的方言在方言接触方面的状况尤其值得方言研究者的关注。郴州地区的各种方言，或者大范围区域的方言相互交接，或者大范围区域的方言对小范围区域的方言形成包围，或者方言间的交接和包围呈纠结之势，形成纷繁多姿的方言接触局面。在某些区域，不大的范围就分布着相当多种的方言，如永兴县境内就通行赣语、西南官话和湘语（方言岛）等三种方言，从而极具方言接触考察的样品价值。

郴州的方言除西南官话外，赣语、客家话以及湘语相当部分区域都处于所属大方言的边界区域，属于边界方言，由于地理上距离方言区域中心较远，与方言区域中心的代表方言往往有较大的差异。郴州的方言岛远离其移民原居地，其方言与原居地方言也有较大的差异。边界方言、岛方言形成与中心方言、原居地方言的差异，其中重要原因就是边界方言与相接缘的另一边界方言之间、岛方言与相接缘的包围方言之间所发生的接触。接触的过程中，由于方言之间在语言成分上的相互吸纳，出现了很多融合多种方言特征的混杂程度较高的方言。因此，要想对郴州方言的面貌有一个清晰的了解，就必须深入考察郴州的方言接触情况。

研究郴州的汉语方言接触状况，对认识汉语的共时面貌和发展历史，以及整个汉语的方言接触研究，具有重要的语料价值和类型学上的理论意义。郴州地区的多数地方话都融合了湘、赣、客等各类方言的特征，混合程度较高。研究郴州的汉语方言接触状况，厘清蕴含其中的不同层次方言的成分，能够为方言区属的重新认定提供可靠的依据。

第六节　方言代表点、语料来源和调查合作人情况

本书选择了15个地点作为方言代表点，涉及了包括郴州市区在内的全部10个行政县、市，每个县、市至少确定一个点，少数县布有两到三个点，分别是郴州市区、永兴碧塘乡、永兴城关镇、永兴柏林镇、桂东城关镇、汝城城关镇、资兴兴宁镇、安仁龙海镇、临武城关镇、桂阳敖泉镇、桂阳流峰镇、嘉禾广发乡、宜章赤石乡镇、湘永煤矿（湘方言岛）、杨梅山煤矿（湘方言岛）。其中，临武城关镇、桂阳敖泉镇、嘉禾广发乡、宜章赤石乡为双方言区，因此这15个方言代表点实际上共有19个地方话。本书语料来源分为以下三类。

（1）语音、词汇材料均由本人调查所得的有郴州市区话、永兴碧塘话、永兴城关话、永兴柏林话、安仁龙海话、湘永煤矿话、杨梅山煤矿话、桂阳敖泉官话、嘉禾广发官话、宜章赤石官话。

（2）语音材料依据他人成果、词汇材料由笔者调查所得，这种情况包括的方言有桂东城关话（《桂东方言同音字汇》和《湖南客家方言音韵研究》）、汝城城关话（《汝城方言研究》和《汝城话

的音韵特点》)、桂阳流峰话(《湖南桂阳流峰土话音系》)。

(3)语音、词汇材料依据他人成果,文中涉及内容都经过本人核实、修正,由于写作需要本人也通过调查获得的个别零散语料,主要集中在词汇方面。这种情况包括的方言有临武城关土话及官话(《临武方言》)、资兴兴宁话(《资兴方言》)、桂阳敖泉土话(《湖南桂阳县敖泉土话同音字汇》和《湖南桂阳敖泉土话方言词汇》)、嘉禾广发土话(《嘉禾土话研究》)、宜章赤石土话(《宜章土话研究》)。

本书所调查的方言代表点的调查合作人情况如表1-1所示。

表1-1 方言代表点及其调查合作人

方言代表点	姓名	性别	出生年	职业	原籍
郴州市区	龙萍	女	1980年	郴州一中教师	郴州市北湖区
	何小明	女	1959年	郴州食品药品监管局公务员	郴州市北湖区
永兴碧塘乡	谢同金	男	1954年	碧塘乡周家小学教师	碧塘乡周家村
永兴城关镇	曹交同	男	1928年	永兴县石油公司退休干部	永兴县黄泥乡
湘永煤矿	曹外菊	女	1953年	湘永煤矿退休职工	湘永煤矿
永兴柏林镇	李水莫	男	1955年	柏林镇柏林村农民	柏林镇柏林村
安仁龙海镇	陈忠生	男	1961年	龙海镇龙海村农民	龙海镇龙海村
资兴兴宁镇	马翔	男	1988年	长沙通信职业技术学院学生	资兴市兴宁镇
桂东城关镇	罗业雄	男	1950年	桂东县劳动局退休干部	桂东县城关镇

续表

方言代表点	姓名	性别	出生年	职业	原籍
汝城城关镇	范祥茂	男	1958年	汝城县水泥厂工人	汝城县城关镇
临武城关镇	陈宇翔	男	1988年	长沙通信职业技术学院学生	临武县城关镇
嘉禾广发乡	胡承义	男	1987年	长沙通信职业技术学院学生	广发乡大塘村
宜章赤石乡	曾程琳	女	1989年	长沙通信职业技术学院学生	赤石乡平光村
杨梅山煤矿	张仁贵	男	1942年	杨梅山煤矿退休职工	长沙县安沙镇
桂阳流峰镇	欧阳家文	男	1962年	流峰镇三阳村乡村医生	流峰镇三阳村
桂阳敖泉镇	秦林剑	男	1987年	长沙通信职业技术学院学生	敖泉镇水星村

第七节 本书所用音标符号及其他

本书采用国际音标标音。声调调值采用五度标记法，直接写在音节音标后面。轻声调值为单个阿拉伯数字，对应大致的音高。为了减少排版的麻烦，本书所使用的国际音标非必要一般不加方括号。本字不明的用"□"代替。还有个别符号在相关章节中说明。

第二章　地缘接触引发的方言接触

第一节　郴州市区、永兴碧塘乡、永兴城关镇、湘永煤矿矿本部的方言接触

永兴城关镇位于永兴县境中部，地势较平坦，水陆交通方便，历来是永兴政治、经济、文化的中心，《中国语言地图集》（1987）将永兴话划为赣语的耒资片。碧塘乡位于城关镇南部，是永兴县仅有的两个讲西南官话的乡镇之一（另一个为湘阴渡镇）。湘永煤矿位于永兴县境内，矿本部设在永兴县城西北 4 千米左右的白头狮村，湘永矿区煤炭开采历史始于清光绪年间，1940 年始称"湘永"，名为"湘南矿务局第三矿厂湘永矿场"，居民原籍多为长沙一带，其源方言属长益片的长株潭小片。郴州市区话属西南官话，是整个郴州地区影响力最大的方言。四地的地缘接触情况如下：碧塘乡居于郴州市和城关镇之间，湘永煤矿为湘方言岛，与永兴城关镇接壤。

一、郴州市区、永兴城关镇的方言接触

西南官话是郴州地区范围内的强势方言，境内许多方言都受到它的强大辐射力的影响，而这种影响对官话中心区域郴州市周

边的各方言点尤为明显。下面分析永兴城关镇方言的情况。

（一）语音接触情况

1.除并、定两声母外的其他全浊声母一律读送气清音

古全浊声母的今读的演变，永兴各地方言有三类情形：第一种是平声字读送气清音，仄声字读不送气清音，只有属于西南官话的碧塘话和湘阴渡话；第二种是并、定母字不论平仄，一般读不送气清音，从澄崇群母字不论平仄，一般读送气清音，永兴包括城关在内的绝大多数乡镇属于这一类；第三种是并定从澄崇群六母不论平仄一般读不送气清音，仅限于柏林、洞口、樟树、龙形市、七甲、大布江六地方言。这六地所呈现出来的很可能就是方言保留下来的原始特征。基于这一判断，我们认为包城关在内的其他乡镇的方言受西南官话的影响，从澄崇群母字一律读送气清音（具体分析见第六章）。

2.古泥、来二母不论逢洪音细音混读为[l]声母

无论是湘语还是赣语，古泥、来二母的今读都呈现出"洪混细不混"的特点，永兴城关话古泥、来二两母不论逢洪音细音一律混读成[l]声母，与郴州话相同。例如，永兴城关话中，脑=老 lɤ41|南=篮 lɛ35；娘=粮 lɔ35|纽=柳 ləɯ41。郴州话中，脑=老 lau53|南=篮 lan21|农=龙 loŋ21；娘=粮 lian21|纽=柳 liəu53|年=连 lien21。

3.全浊声母的上声字归读去声

永兴城关话全浊声母的上声字今归读为两种调类，一为上声调类，只涉及极少数日常用字，而且声母今读一律送气，体现出

赣方言的色彩，如坐 tsʮ41|跪 kʰui41|近 tɕʰiən41|重 tɕʰioŋ41；一为去声调类，包含了绝大多数字，正是西南官话"全浊上归去"声调演变规律的体现，应该是受郴州话影响的结果。

4.[i]的舌尖化音变及端组字舌尖化音变的特殊轨迹

现代汉语方言中舌面元音[i]的舌尖化音变涉及徽语、官话、吴语、晋语、湘语、湘南土话等多种方言。[ɿ]是[i]在舌尖化道路上达到的较高程度，有的方言直接从[i]演变为[ɿ]，有的方言在通向[ɿ]的路途中会经历过渡元音的阶段，从目前所掌握的材料看，过渡元音主要有[ɨ]（参考朱晓农说法，用[ɨ]表示与舌叶音同部位的元音）和带有摩擦音色彩的[ḭ]两种。例如，湘语东安花桥话中，[tɕ、tɕʰ、dʑ、ɕ、ʑ]在[i]韵前实际读音为[tʃ、tʃʰ、dʒ、ʃ、ʒ]，与声母相配的[i]韵也相应地增加了舌叶音色彩（鲍厚星，1998：10）；湘语永州岚角山话也有同样的情形（李星辉，2003：67）；湘语以舌叶音突出而著称的祁阳方言中处在[tʃ、tʃʰ、dʒ、ʃ、ʒ]之后的[i]韵母，与[i]接近，但在听感上既完全不是[i]，也不是舌尖后元音，而是一个舌叶元音（李维琦，1998：13-16）。徽语歙县杞梓里话"地"读为[tḭ]，元音已发生摩擦化（朱晓农，2004：443）。

永兴境内普遍存在舌面元音[i]发生舌尖化音变的方言点，各个方言点在舌尖化的道路上速度有快慢之分，个别方言点[i]>[ɿ]的演变已经全部完成，而多数方言点按照声组的区别有不同的表现，有的声组后仍保持[i]韵，有的声组后读[i]、[ɿ]之间的过渡元音[ɨ]，有的声组后念舌尖元音[ɿ]，呈现出行进中的运动状态。永兴方言在舌尖化音变上的内部差异反映了[i]>[ɨ]>[ɿ]的演变过程及[i]在不同的声组后舌尖化的先后顺序。

表 2-1～表 2-12 对永兴马田、洞口、柏林、城关四地的相关例字作比较。

表 2-1　蟹开三祭韵

声母	例字	马田	洞口	柏林	城关老派	城关新派
帮组	蔽弊	pi	pi	pʅ	pʅ	pʅ
泥组	例	li	li	li	lʅ	lʅ
精组	祭	tɕi	tʃĭ	tʃĭ	tʃĭ	tsʅ
知组	滞	tsʰʅ	tsʰʅ	tsʰʅ	tsʰʅ	tsʰʅ
章组	制世	tsʰʅ/sʅ	tsʰʅ/sʅ	tsʰʅ/sʅ	tsʰʅ/sʅ	tsʰʅ/sʅ
见组	艺	i	ɕi	ʒĭ	ʒĭ	zʅ

表 2-2　蟹开四齐韵

声母	例字	马田	洞口	柏林	城关老派	城关新派
帮组	闭批米	pi/pʰi/mi	pi/pʰi/mi	pʅ/pʰʅ/mʅ	pʅ/pʰʅ/mʅ	pʅ/pʰʅ/mʅ
端组	题替	ti/tʰi	ti/tʰi	ti/tʰi	tʃĭ/tʃʰĭ	tʅ/tʰʅ
泥组	犁	li	li	li	lʅ	lʅ
精组	挤齐西	tɕi/tɕʰi/ɕi	tʃĭ/tʃʰĭ/ʃĭ	tʃĭ/tʃʰĭ/ʃĭ	tʃĭ/tʃʰĭ/ʃĭ	tsʅ/tsʰʅ/sʅ
见组	鸡契溪	tɕi/tɕʰi/ɕi	tʃĭ/tʃʰĭ/ʃĭ	tʃĭ/tʃʰĭ/ʃĭ	tʃĭ/tʃʰĭ/ʃĭ	tsʅ/tsʰʅ/sʅ
晓组	系	ɕi	ʃĭ	ʃĭ	ʃĭ	sʅ
影组	缢	i	ʒĭ	ʒĭ	ʒĭ	zʅ

表 2-3　止开三支韵

声母	例字	马田	洞口	柏林	城关老派	城关新派
帮组	皮披弥	pi/pʰi/mi	pi/pʰi/mi	pʅ/pʰʅ/mʅ	pʅ/pʰʅ/mʅ	pʅ/pʰʅ/mʅ
泥组	离	li	li	li	lʅ	lʅ
精组	紫刺斯	tsʅ/tsʰʅ/sʅ	tsʅ/tsʰʅ/sʅ	tsʅ/tsʰʅ/sʅ	tsʅ/tsʰʅ/sʅ	tsʅ/tsʰʅ/sʅ
知组	知池	tsʅ/tsʰʅ	tsʅ/tsʅ	tsʅ	tsʅ/tsʰʅ	tsʅ/tsʰʅ
章组	支侈是	tsʅ/tsʰʅ/sʅ	tsʅ/tsʰʅ/sʅ	tsʅ/tsʰʅ/sʅ	tsʅ/tsʰʅ/sʅ	tsʅ/tsʰʅ/sʅ
见组	寄骑义	tɕi/tɕʰi/i	tʃĭ/tʃĭ/ʒĭ	tʃĭ/tʃʰĭ/ʒĭ	tʃĭ/tʃʰĭ/ʒĭ	tsʅ/tsʰʅ/zʅ
晓组	戏	tɕʰi	tʃĭ	tʃĭ	tʃĭ	sʅ
影组	椅移	i	ʒĭ	ʒĭ	ʒĭ	zʅ

第二章 地缘接触引发的方言接触

表2-4 止开三脂韵

声母	例字	马田	洞口	柏林	城关老派	城关新派
帮组	鼻屁	pi/pʰi	pi/pʰi/mi	pɿ/pʰɿ	pɿ/pʰɿ	pɿ/pʰɿ
端组	地	ti	ti	ti	tʃi	tɿ
泥组	尼梨	li	li	li	ȵ	ȵ
精组	资瓷私	tsɿ/tsʰɿ/sɿ	tsɿ/tsɿ/sɿ	tsɿ/tsɿ/sɿ	tsɿ/tsʰɿ/sɿ	tsɿ/tsʰɿ/sɿ
知组	致迟	tsɿ/tsʰɿ	tsɿ	tsɿ	tsɿ/tsʰɿ	tsɿ/tsʰɿ
庄组	师	sɿ	sɿ	sɿ	sɿ	sɿ
章组	指示	tsɿ/sɿ	tsɿ/sɿ	tsɿ/sɿ	tsɿ/sɿ	tsɿ/sɿ
见组	饥祁	tɕi/tɕʰi	tʃi	tʃi	tʃi/tʃʰi	tsɿ/tsʰɿ
影组	姨伊	i	ʒi	ʒi	ʒi	zɿ

表2-5 止开三之韵

声母	例字	马田	洞口	柏林	城关老派	城关新派
泥组	李	li	li	li	ȵ	ȵ
精组	子慈丝	tsɿ/tsʰɿ/sɿ	tsɿ/tsɿ/sɿ	tsɿ/tsɿ/sɿ	tsɿ/tsʰɿ/sɿ	tsɿ/tsʰɿ/sɿ
知组	置耻	tsɿ/tsʰɿ	tsɿ/tsʰɿ	tsɿ/tsʰɿ	tsɿ/tsʰɿ	tsɿ/tsʰɿ
庄组	滓厕事	tsɿ/tsʰɿ/sɿ	tsɿ/tsʰɿ/sɿ	tsɿ/tsʰɿ/sɿ	tsɿ/tsʰɿ/sɿ	tsɿ/tsʰɿ/sɿ
章组	志齿时	tsɿ/tsʰɿ/sɿ	tsɿ/tsʰɿ/sɿ	tsɿ/tsʰɿ/sɿ	tsɿ/tsʰɿ/sɿ	tsɿ/tsʰɿ/sɿ
见组	记起疑	tɕi/ɕi/i	tʃi/ʃi/ʒi	tʃi/ʃi/ʒi	tʃi/ʃi/ʒi	tsɿ/sɿ/zɿ
晓组	喜	tɕʰi	tʃʰi	tʃʰi	tʃʰi	sɿ
影组	医以	i	ʒi	ʒi	ʒi	zɿ

表2-6 止开三微韵

声母	例字	马田	洞口	柏林	城关老派	城关新派
见组	机气毅	tɕi/ɕi/i	tʃi/ʃi/ʒi	tʃi/ʃi/ʒi	tʃi/ʃi/ʒi	tsɿ/sɿ/zɿ
晓组	希	ɕi	ʃi	ʃi	ʃi	sɿ
影组	衣	i	ʒi	ʒi	ʒi	zɿ

表 2-7　深开三缉韵

声母	例字	马田	洞口	柏林	城关老派	城关新派
泥组	立	li	li	li	lɿ	lɿ
精组	集习	tɕi/ɕi	tʃi/ʃi	tʃi/ʃi	tʃi/ʃi	tsɿ/sɿ
章组	执湿	tsʅ/sʅ	tsʅ/sʅ	tsʅ/sʅ	tsʅ/sʅ	tsʅ/sʅ
见组	急泣	tɕi/tɕʰi	tʃi/tʃʰi	tʃi/tʃʰi	tʃi/tʃʰi	tsɿ/tsʰɿ
晓组	吸	tɕi	tʃi	tʃi	tʃi	sɿ
影组	揖	i	ʒi	ʒi	ʒi	zɿ

表 2-8　臻开三质韵

声母	例字	马田	洞口	柏林	城关老派	城关新派
帮组	笔密	pi/mi	pi/mi	pɿ/mɿ	pɿ/mɿ	pɿ/mɿ
泥组	栗	li	li	li	lɿ	lɿ
精组	疾七	tɕi/tɕʰi	tʃi/tʃʰi	tʃi/tʃʰi	tʃi/tʃʰi	tsɿ/tsʰɿ
知组	侄	tsʅ	tsʅ	tsʅ	tsʅ	tsʅ
章组	质实	tsʅ/sʅ	tsʅ/sʅ	tsʅ/sʅ	tsʅ/sʅ	tsʅ/sʅ
日母	日	i	ʒi	ʒi	ʒi	zɿ
见组	吉	tɕi	tʃi	tʃi	tʃi	sɿ
晓组	乙	i	ʒi	ʒi	ʒi	zɿ

表 2-9　曾开三职韵

声母	例字	马田	洞口	柏林	城关老派	城关新派
帮组	逼	pi	pi	pɿ	pɿ	pɿ
泥组	力	li	li	li	lɿ	lɿ
精组	即媳	tɕi/ɕi	tʃi/ʃi	tʃi/ʃi	tʃi/ʃi	tsɿ/sɿ
知组	值	tsʅ	tsʅ	tsʅ	tsʅ	tsʅ
章组	织食	tsʅ/sʅ	tsʅ/sʅ	tsʅ/sʅ	tsʅ/sʅ	tsʅ/sʅ
见组	极	tɕi	tʃi	tʃi	tʃi	sɿ
影组	亿	i	ʒi	ʒi	ʒi	zɿ

表 2-10　梗开三陌韵

声母	例字	马田	洞口	柏林	城关老派	城关新派
帮组	碧	pi	pi	pɿ	pɿ	pɿ
见组	屐	tɕi	tʃi	tʃi	tʃi	sɿ

表 2-11　梗开三昔韵

声母	例字	马田	洞口	柏林	城关老派	城关新派
帮组	壁辟	pi/pʰi	pi/pʰi	pɿ/pʰɿ	pɿ/pʰɿ	pɿ/pʰɿ
精组	积席	tɕi/ɕi	tʃi/ʃi	tʃi/ʃi	tʃi/ʃi	tsɿ/sɿ
知组	掷	tsɿ	tsɿ	tsɿ	tsɿ	tsɿ
章组	隻赤石	tsɿ/tsʰɿ/sɿ	tsɿ/tsʰɿ/sɿ	tsɿ/tsʰɿ/sɿ	tsɿ/tsʰɿ/sɿ	tsɿ/tsʰɿ/sɿ
影组	益	i	ʒi	ʒi	ʒi	zɿ

表 2-12　梗开四锡韵

声母	例字	马田	洞口	柏林	城关老派	城关新派
帮组	壁劈觅	pi/pʰi/mi	pi/pʰi/mi	pɿ/pʰɿ/mɿ	pɿ/pʰɿ/mɿ	pɿ/pʰɿ/mɿ
端组	笛剔	ti/tʰi	ti/tʰi	ti/tʰi	tʃi/tʰi	tɿ/tʰi
泥组	历	li	li	li	lɿ	lɿ
精组	绩戚锡	tɕi/tɕʰi/ɕi	tʃi/tʃʰi/ʃi	tʃi/tʃʰi/ʃi	tʃi/tʃʰi/ʃi	tsɿ/tsʰɿ/sɿ
见组	击激	tɕi	tʃi	tʃi	tʃi	sɿ

由以上表格可以看出，各方言知庄章组和止开三等的精组字都读[ɿ]韵。而马田话的[ɿ]韵字仅限于这些字，这和绝大多数汉语方言是相同的，为便于指称，本书暂不把马田话视为发生舌尖化音变现象的方言。洞口话日母、见系各组以及其余精组字（蟹开三、四等韵和深、臻、曾、梗各摄开口三四等入声韵）变为了[ï]。柏林话的帮组字也已经完成舌尖[ɿ]的音变，读[i]韵的仅剩下端、泥组字。城关老派话与柏林话的区别在于端、泥组字分读[ï]、[ɿ]两韵。而从[i]向[ï]演变后留下的空格又没有得到填补，因此城关老派话音系无真正的单元音[i]韵，老派话音系中只有[ɪ]韵，分布在帮组的蟹、止两摄合口韵中，如赔[pɪ35]、配[pʰɪ13]、妹[mɪ13]。城关新派话舌尖化速度最快，老派的[ï]韵字新派一律

念[ɿ]，这一特点不仅体现在永兴方言内部，和舌面元音发生舌尖化音变现象的其他方言相比也非常明显。

现代汉语方言中"i>ɿ"音变涉及徽语、官话、吴语、晋语、湘南土话等多种方言。根据现有的材料，各类方言中发生"i>ɿ"音变现象的字大多局限于以蟹、止摄开口三四等为主的舒声韵中，只有极少方言如湖南宁远（禾亭）方言出现了来自深、山、臻、曾、梗摄的入声字，但字数有限，这些摄中还有相当一部分的字读[i]韵，如"毕必蜜疾悉质实室乙一逼力值职极食忆亿翼碧僻辟积迹脊籍藉惜昔夕只适益译易劈的滴敌狄绩析击"。青海乐都方言[ɿ]的覆盖面则扩散到了蟹、止摄开口字（除知系以外）和深、臻、曾、梗摄入声字。

永兴方言新派[ɿ]分布的范围更为广泛，除了蟹、止摄开三四等（包括知系）以外，在深、臻、曾、梗摄开口三、四等入声韵之中，也同样存在它的活动地盘，且字数不少，上面提到的宁远（禾亭）方言读[i]韵的字在永兴方言新派中一律读[ɿ]韵。在"i>ɿ"音变完成以后，新派音系出现了新的[i]韵字，从[i]向[ɿ]演变后留下的空格得到了填补，读[i]韵的字主要分布在咸、山两摄的开口二、三、四等韵中，如碱 tɕi41|尖 tɕi44|甜 ti35|天 tʰi44|边 pi44|闲 ɕi35，还有与[i]对立的[ɪ]，"杯、倍、霉"的读音与老派话一致。至于新派出现的[i]韵字老派话都念[ie]韵，如碱 tɕie41|尖 tɕie44|甜 tɕie35|天 tɕʰie35|边 pie44|闲 ɕie35。

根据以上音变过程，我们可以排列出永兴方言的[i]在不同声组后舌尖化的路线图（注：[tʃ]组声母只与同部位的舌叶元音[ʅ]相拼，其他声组与[ɿ]相拼），如表2-13所示。

表 2-13　永兴方言的[i]在不同声组后舌尖化的路线

马田	洞口	柏林	城关老派	城关新派
ts 知庄章和止开三精组	ts 知庄章和止开三精组	ts 知庄章和止开三精组	ts 知庄章和止开三精组	ts 知庄章和止开三精组
	tʃ 日母、见系和其余精组	tʃ 日母、见系和其余精组	tʃ 日母、见系和其余精组	tʃ 日母、见系和其余精组
		p 帮组	p 帮组	p 帮组
			t 端组	t 端组
			l 泥组	l 泥组

城关方言老派音系没有[i]韵,有[ɿ]、[ʅ]两韵,[ɿ]韵主要分布在见系各组,其次是端组和部分精组(蟹开三、四等韵和深、臻、曾、梗各摄开口三四等入声韵)。[ɿ]韵的存在和[i]韵的缺乏说明永兴方言老派[i]＞[ɿ]的演变已经全部完成。[i]＞[ɿ]的演变完成之后,一些[ɿ]韵字仍停留在原状态,而另一些[ɿ]韵字又有了新的动向,进一步高化为[ʅ]韵,出现了[ɿ]＞[ʅ]的演变,这些字有帮组、泥组、知组、庄组、章组和部分精组(止开三)。城关方言新派没有[ɿ]韵,有[ʅ]韵,[ʅ]韵分布的范围更为广泛,不仅包括老派的[ʅ]韵字,还包括老派的[ɿ]韵字。城关方言的老派读音部分读舌尖音,部分尚处在舌叶音阶段,而新派的读音已先于老派全部完成了舌尖化的演变,这也说明舌面元音高化这一音变规律在由于年龄差异形成的同一方言的不同言语社团中,可以呈现出快慢不同的演变速度,正体现了语言发展的不平衡性。

下面考察端组字舌尖化音变的特殊轨迹。

汉语各方言中端组的舌尖音变过程有两条不同轨迹:一条是 ti＞tj＞tsʅ 和 tʰi＞tʰj＞tsʰʅ,经历与过渡元音相拼的阶段;一条是

ti＞tʅ＞tsʅ 和 tʰi＞tʰʅ＞tsʰʅ，没有经历与过渡元音相拼的阶段。但殊途同归，它们的最后落脚点都是 tsʅ 和 tsʰʅ。永兴方言走的是另外一条道路——ti＞tʃi＞tʅ 和 tʰi＞tʃʰi＞tʰʅ，先经历与过渡元音相拼的阶段，然后到了城关新派话念 tʅ 和 tʰʅ。那么，永兴方言的端组会不会像上面两种情况一样最终演变成[ts、tsʰ]呢？

永兴方言的端组字曾有过向[ts、tsʰ]演变的机会，当它处在[tʃi、tʃʰi]读音的状态时，舌尖化道路的前景呈现出一片通途：[tʃ、tʃʰ]为舌叶塞擦音，[ts、tsʰ]为舌尖塞擦音，两者发音方法相同，除阻时又都要通过摩擦，只有发音部位存在前后的细小区别，发[tʃ、tʃʰ]的时候，气流节制点稍微向前延伸，就能到达[ts、tsʰ]，并且为了与同为摩擦化的元音[ʅ]相配，从发音者的角度看，由[tʃ、tʃʰ]到[ts、tsʰ]，这是很自然、舒服的发音转变。

但城关新派人士放弃了这样的机会，而选择了演变到发音难度相对较大的舌尖塞音[t、tʰ]，[t、tʰ]与[tʃ、tʃʰ]在发音方法和发音部位上都有差别，此外除阻时无须通过摩擦的[t、tʰ]与摩擦元音[ʅ]相拼，发音者会略微感觉不顺畅。

新派人士的这种与常规不相符合的选择与西南官话郴州话的渗透有着重要的关系。郴州话是整个郴州地区的最强势方言。郴州与永兴城关相距不过40千米，两地之间交通便利，政治、经济、文化等各方面联系紧密。城关大多数年轻人以及部分中年人都会说郴州话。永兴城关话端组字今读[t、tʰ]声母正好与郴州话相同，而最能说明它受郴州话影响的证据是，城关话的并、定母字有成系统的文白两读，白读不送气清音，文读一律同郴州话念送气清音，并且调值不读自身的阳平调 35，而照搬郴州话的阳平调21，定母字。例如，徒：徒弟[tu35]叛徒[tʰu21]；同：同学[toŋ35]合同[tʰoŋ21]。

永兴方言的端组字在历史上已经主动放弃了从[tʃ、tʃʰ]自然而然向[ts、tsʰ]演变的机会，而随着与郴州话接触程度的提高，郴州话对永兴城关话的影响力日益增强，城关话的[t、tʰ]再演变为[ts、tsʰ]的可能性更加微乎其微了。

5.文白异读

文白异读是汉语方言中一种特有的现象，一些汉字在方言中有文读音与白读音的区别。文白两读音在口语里都会用到。有时，文读音和白读音是可以互相变换的，同一个词可以有两种读音。用文读音多少带点"文雅"的色彩，用白读音自然通俗。例如，厦门话"潦草"可以说[liau53tsʰau53]，也可以说[lau53tsʰo53]。有时，文读音和白读音分别用在书面语词和口语词里，并不能自由变读。例如，永兴城关话"家"字，文读音为[tɕia44]，白读音为[ko44]，说"国家"只能用"[tɕia44]"的读音，说"家娘（丈夫的母亲）"只能用"[ko44]"的读音。

一般而言，白读音是本地固有的读音，文读音多是受了外地方言影响而产生的后起读音。文白异读被认为是北方话长期以来屡次渗透到南方方言中的结果。这主要的依据是发现北方方言文白异读的现象较少，而南方方言较多。更确切的说法是，一种方言之内的"白读层"与"文读层"通常代表该语言在历史上不同时期中接触当时某种汉语（通常来自北方）的读音，从而像地层一样有所积淀而并存。例如，闽南语原本保留三国时代、魏晋南北朝时期的汉字读音，成为该语言的"白读层"；至唐代以后又引进新一套可能与当时官话类似的读音，便形成该语言的"白读层"。

文白异读最普遍的特点是，文读一般比较接近官方标准语言。例如，上海话中"大衣"的"大"念做[da]，是文读音，接近普通话；"大人"的"大"念作[du]，是白读音。

徐通锵（1991）在《历史语言学》中具体阐述了文白异读在语言系统中产生竞争过程的三个阶段：第一阶段的特点是文弱白强，文读形式的运用范围受到极为严格的词汇条件的限制；第二阶段的特点是文白相持；第三阶段的特点是文强白弱。参照这一理论，永兴城关话的文白异读现象尚处在第一阶段，即白读音仍占据主要地位，文读形式只分布在书面词的环境中。下面分析永兴城关话中的主要文白异读现象。

（1）假摄开口字的文白异读。假摄开口字的文白异读规律如表 2-14 所示。

表 2-14 假摄开口字的文白异读规律

读音	开口二等		开口三等
	帮知照组	见系	
文读音	a	ia	ie
白读音	o	o	io

以下列举出部分有文白异读的假摄开口字及其用例：

麻	ma21	~烦|~木|芝~
	mo35	~子|~药|手脚~
驾	tɕia13	~驶|~临|~驭
	ko13	~船

芽	ia21	麦～糖
	o35	发～|豆～菜
谢	ɕie13	～～|感～
	tɕʰio13	姓～|老～
社	ɕie13	～会
	ɕio41	～坟
姐	tɕie41	～妹|小～
	tɕia35	～～
	tɕio41	～夫

徐通锵先生曾经指出："文读形式的产生在系统中出现了叠置，但文读形式本身的地位并不是一成不变的，随着社会条件的改变、文化中心的转移和权威方言的更替，语言中可能会出现新的文读形式。这样，新的文读形式会迫使旧的文读形式退入白读层，使叠置的层次呈现出复杂的状态。"永兴城关话"姐"字的读音就是一个例子，它有三种读音——[tɕio41]、[tɕia35]、[tɕie41]。假摄开口三等字[io]属白读韵，[ie]属文读韵。而读阳平调的[ia]韵与[io]是早期的文白对应关系。后来在官话的影响下，出现了[tɕie41]的读音。随着时间的推移，[ie]韵在假摄开口三等字中占据了更大的地盘，绝大多数字都有文读韵[ie]，相比之下，[tɕia35]的读音格式则与官话有了很大的区别，韵母、声调都不相同，于是在音系中的地位发生变化，由"旧的文读形式退入白读层"。

（2）流摄字的文白异读。流摄字的文白异读集中在除帮系字外的开口一等上，城关话的底层读音为[e]韵，在郴州话[əu]韵的影响下，出现了文读音[ue]韵。[ue]与[əu]都是复合元音韵，韵腹相同，韵尾同为舌面后高元音。以下列举出部分有文白异读的流摄开口一等字及其用例：

头	tʰəɯ21	水龙~|~衔|~像
	te35	~枕|~发
扣	kʰəɯ13	~肉|~押
	kʰe13	~子
漏	ləɯ13	~洞|~网
	le13	~雨

（3）止摄合口字的文白异读。止摄合口字的文白异读由[ui]、[y]两韵构成，以下列举部分有文白异读的止摄合口字及其用例：

嘴	tsui41	~边|~脸|唇
	tʃy41	~巴
吹	tsʰui44	~牛|~捧
	tʃʰy44	~口气
醉	tsui13	~酒
	tʃy13	吃~了
喂	ui13	~养
	ʒy13	~饭|~奶
水	sui41	~平
	ʃy41	开~|滔~|滴~
锤	tsʰui35	铜~
	tʃʰy35	~子

| 慰 | ui13 | 安~ |
| | ʒy13 | ~问 |

（4）梗摄字的文白异读。梗摄字的文白异读集中在开口三四等的入声韵里，文白异读规律如表 2-15 所示：

表 2-15　梗摄字的文白异读规律

读音	三等	四等
	章组	帮端组
文读音	ɿ	ii
白读音	io	ia

以下列举出部分有文白异读的梗摄开口字及其用例：

尺	tsʰɿ21	~寸|得寸进~
	tɕʰio21	两~布|量~
石	sɿ21	落井下~|化~
	ʃio44	~骨|~头
壁	pɿ21	墙~|~画
	pia21	~头
滴	tʃi21	~落
	tʃia21	~水
踢	tʃʰi21	~足球|拳打脚~
	tʃʰia21	~他一脚|把门~开

（二）词汇接触情况

1.语的借贷

郴州话中的一些词语和惯用语表意非常生动，而城关话缺乏同义的语言结构形式,只能利用句意来勉强形成与这些词语、惯用语的意义对应。在这种情况下,要么不能够准确界定词语的内涵,使表意发生偏移;要么言词过繁而导致用语不精练,徒增语言的累赘,不符合语言的经济适用原则。因此,借贷就成为一种切实可行的方法,对这类词语的直接吸收不仅可以丰富方言的词汇系统和表达能力,也体现了城关话在和强势方言接触过程中较强的能动性和适应性,如以下词条,在永兴县范围内只见于城关及周边黄泥乡、城郊乡,可以确认是从郴州话转变而来的。

行时:时髦。这个词使用范围广,凡与时代、时令、时尚相合,受人欢迎,在当时流行,都可以用它表达。

吃得咸:多指生意人特别贪心,抬高商品价格以赚取高额利润。

2.义词的并存

对于郴州方言中的一些词语,虽然城关话并不具备,但有表义相同而形式有别的词。在这种情况下对官话词语的借用,可能基于以下三点考虑。

第一,郴州方言中有些表示具体事物或动作的词,往往给人一种形象感,这种形象感来自对该事物或动作的形象的概括。这些词除了理性义之外,还使人有某种生动具体的感觉,而城关话的同义词语只限于对理性义的表示,借用这类词语能够使城关话的表义效果更为生动,如表示"害怕",城关话有"体虚"和"生口[tsʰe35]"两种说法,"生口[tsʰe35]"是当地固有的说法,"体虚"借自郴州话。从"体虚"这个词的构词理据看,它是运用夸张的修辞手法把一个人害怕的状态形容到身体虚弱、无力支撑的程度，显得生动而有趣。城关话原来只用"生口[tsʰe35]"表示"害怕"，"生口[tsʰe35]"指产生害怕的心理，这个动宾式词语显然只有理性义。

第二，郴州方言中有的词语既没有形象色彩，理性义与城关话也基本一致，借用这类词语反映了借用者追求时髦、向强势方言靠近的社会心理，如表示"体格强健"，城关话的固有说法是"壮"，后来借用了郴州话中的"块"，形成同义词并存的状态。

第三，郴州方言中有的词语与城关话的同义词相比相对含蓄文雅一些，可以不限场合为更多的言语社团使用，如"在众人面前装阔气，显排场"，城关话用"显鸟"表示此意，但"鸟"在城关话中有"交合"的意思，使用这一词语的人往往被视为文化程度低、言语粗俗，因此许多人都倾向使用郴州话中的"摆格"一词。

3.具有生动形式的形容词的借贷

永兴方言的形容词中有一种常见的特定格式，在单音节形容词前面再黏附一个具有共同类化意义的单音节语素，以示程度的加强，同时体现形容词的生动性和表现力，词义上大致相当于普通话的"很""非常"，如"邦硬"（很硬）、"嘣响"（非常响）等。这个单音节语素数量种类较多，用字、读音各有不同，在永兴方言的词汇中别具一格。为便于分析指代，以下将此类形容词称为 XA 类形容词，其中，X 代表起程度加强作用的语素，A 代表形容词。

XA 类形容词绝大多数表示事物属性，和日常生活密切相关，正是这种语用上的强势地位，XA 类形容词中根深蒂固且特点鲜明的 X 语素都得到了保留。X 语素有的看上去尚有词汇意义，但意义已经弱化；有的词汇意义已模糊不清甚至完全语法化，只起强调作用，可视为词缀。X 语素多数语源不明，本字待考，书写时暂用借字。A 为词根，基本上都由单音节形容词充当，形音义明确。现将 XA 类形容词的 11 个大致意义类别下的 63 个常用词列举如下。

嗅觉：烹臭 pʰoŋ44tʃʰiɯ13｜烹腥 pʰoŋ44sən44｜烹臊 pʰoŋ44sɤ44｜喷香 pʰoŋ13ʃiɔ44。

味觉：白酸 tʃiɯ35suɛ44｜蛇酸 ʃio35suɛ44｜蛇辣 ʃio35lo44｜蛇苦 ʃio35fu41｜蛇涩 ʃio35tɕia21｜清甜 tʃʰiən44tʃie35｜苦咸 fu41xɛ35｜瘪淡 pia44tɛ41。

视觉：纠栾（圆）tʃiɯ44luɛ35｜隆扁 loŋ44pia41｜棱尖 lən44tʃie44｜标直 piɤ44tʃʰi44｜邦厚 pɔ44xe41｜棱薄 lən44pu44｜嘣亮 poŋ44liɔ13。

听觉：嘣叫 poŋ44tʃiɤ13｜嘣响 poŋ44ʃiɔ41。

触觉：冰冷 pən44lɛ41｜泡滚（烫）pʰɤ44kuən41｜滚奈（烫）kuən41la13｜溜滑 liɯ35ua44。

色彩：墨黑 me44xe21｜箴黑 mia44xe21｜绯红 fi44xoŋ35｜烹白 pʰoŋ44pe44｜条青 tʃiɤ35tʃʰiən44｜乌青 u44tʃʰiən44｜暄黄 ʃye44uɔ35。

体形：隆壮 loŋ44tsɔ13｜隆胖 loŋ44pʰɔ13｜条干（瘦）tʃiɤ35kɛ44。

重量：邦重 pɔ44tʃʰioŋ41｜捞轻 lɤ44tʃʰiən44。

质地：邦硬 pɔ44-n13｜邦老 pɔ44lɤ41｜邦粗 pɔ44tsʰu44｜刺

粗 le44tsʰu44｜隆软 loŋ44ye41｜萌细 moŋ44ʃi13｜萌嫩 moŋ44luən13｜嘣脆 poŋ44tsʰui13｜加阴（潮润）tʃia44-n44｜加湿 tʃia44ʃie21｜纠瀀（蔬菜萎蔫）tʃiɯ44lɤ35｜棱熷（脆）lən44tsɤ44｜稀泻（腐烂、不成形）ʃi44ʃia13｜闷烊（皱）mən44iɔ35｜邦溶（稠）pɔ44ioŋ35｜邦糊（稠）pɔ44u35｜潦清（稀）liɤ44tʃʰiən44。

体感：闷痒 mən44iɔ41｜倾痛 tʃʰiən44tʰoŋ13。

其他：刺饱 le44pɤ41｜邦饱 pɔ44pɤ41｜邦紧 pɔ44tʃiən41｜捞松 lɤ44soŋ44｜闷烂 mən44lɛ13｜闷碎 mən44tsʰui13｜飞快 fi44kʰua13。

由上可知，城关话的"XA"类形容词只有极少一部分是由同义的词根语素"X"和"A"连用组成的联合结构，如溜滑。在这个结构中，"X"和"A"的地位是对等的、平行的。除此以外，多数"XA"类形容词中的"A"都掌控了整个词义的中心，如墨黑、冰冷、飞快、苦咸。

方言使用者运用这类词的最大目的并不是简单说明事物的性质，而在于突出某性质无以复加的程度。"X"复杂多变却又具备相同的作用，即"X"不管是否有具体意义，它的类化性相当强，在表示程度加深这一点上取得了高度的一致。因此，从功能上讲，一个特定的"X"等价于所有的"X"，当它和某个"A"组合时，理性意义或者对等，或者"X"居于从属地位，但实际上"X"背后整个群体的支撑使它在与单个"A"的较量中，从某种程度上看，又占据了一定上风。也就是说，"X"的类化意义和"A"的理性意义之间存在着激烈的"拉锯战"。此外，再加上

"X"处在首字位置，重音很容易落在它身上，而处在末字位置上的"A"几乎发生了不同程度的变读轻声的语流音变现象。可见，理性意义的焦点和语音、语用的重心出现了偏离，没有集中到同一个单位上；在形式与内容的对比中，"A"的地位似乎减弱了，"X"反而得到增强。

其实，"XA"类形容词在郴州各地方言中普遍存在，有所区别的是，各地方言中的"X"异彩纷呈，互有不同。城关话在已有的"XA"类形容词的基础上，又向郴州话借贷了新的个别词语，但这部分词语目前仅限于新派使用，并未渗入老派中，如区光。还有的词语则是和城关话的固有词形成同义词并存的状态，如笼胖、雷胖（官话词）。在借自郴州话的形容词中，"X"全部读阴平调。这种现象的出现不能仅仅用偶然来解释，阴平调为什么会具有极强的向心力应该有其内在的原因。

一个值得注意的现象是，永兴方言63个常用XA类形容词中，X语素读阴平调的个数占据了绝对优势，共52个，占比约82.5%；读阳平调的共8个，占比约12.7%，如"白酸、蛇酸、蛇苦、蛇辣、蛇涩、溜滑、条青、条干"；读上声调和去声调的只有极少数，共3个，占比约4.8%，如"喷香、苦咸、滚奈"；读入声调的没有。读阴平调的既包括本字清楚、照读固有调类的语素，如"墨（白读）、冰"等，又包括本字待考、暂用借字的语素，如"加、棱、捞、邦、隆"等。这种现象是否纯属偶然？读阴平调的X语素个数如此之多不应该仅仅是巧合，通过分析X语素和词根A的声调的组合规律我们发现了其内在原因。

永兴方言共五个调类，其中阴平调的调值为44，阳平、上声、去声和入声的调值分别为 35、41、13 和 21。阴平是唯一的平调类声调，而且是个高调，音程运行平稳，具有可延性，有学者认为高调更适合表强调。其他四个调类均为升调或降调，音程的运行有起伏变化，具有顿挫性。用读阴平调的"X"语素和读其他声调的词根 A 组成 XA 类形容词，在语用实际中，说话人可以借助阴平调与众不同的平调调值特征突出"X"语素所表达的强烈程度，而且通过重读、延长 X 语素读音，听话人也很容易注意到读阴平调的 X 语素，在此过程中，读其他调类的词根 A 主要起的是标明理性意义的作用。

能支持上述分析的依据有以下两点。

第一，以上统计的 52 个 X 语素读阴平调的形容词中，相应的词根 A 有 38 个都是读非阴平调的，标记为"阴平 X+非阴平 A"，占比 73.1%。列举如下：烹臭、清甜、瘪淡、墨黑、篾黑、绯红、暄黄、嘣叫、嘣响、冰冷、泡滚、隆壮、隆胖、邦重、纠栾、隆扁、邦厚、嘣亮、邦硬、邦老、隆软、萌细、萌嫩、嘣脆、加湿、纠痨、稀泻、闷烊、邦溶、邦糊、闷痒、倾痛、刺饱、邦饱、邦紧、闷烂、闷碎、飞快。

读阴平调的只有 14 个，标记为"阴平 X+阴平 A"，占比 26.9%，列举如下：烹白、烹腥、烹臊、捞轻、捞松、乌青、棱尖、棱薄、棱燥、标直、潦清、刺粗、邦粗、加阴。

这说明方言使用者在构词时有意识地尽量不让全读阴平调的 X 语素和词根 A 组合在一起，因为声调相同缺乏比较性差异，无法突出 X 语素的语音焦点。借助调值的对比，XA 类形容词从形式上进一步巩固了 X 语素的强势地位。

第二，为了加强程度，X语素大多可以重读并延长音长，但是这种语音现象只见于38个"阴平X+非阴平A"的构词中，在14个"阴平X+阴平A"和11个"非阴平A+X"的组合中，X语素读音的音强和音长都没有明显变化，而是通过词根A与X语素连读时发生的语流音变（发音变得短促），来凸显X语素的语音焦点。

二、碧塘乡和永兴城关镇的方言接触

（一）语音接触情况

1.碧塘话[ŋ]声母的消失

郴州境内各类方言的音系中都有舌根鼻音声母[ŋ]，如属于客家话的桂东流源话、汝城热水话、资兴黄草话、宜章岩泉话、临武三合话，属于湘语的马田煤矿话，属于西南官话的郴州话、桂阳城关话，属于赣语的资兴兴宁话、安仁安平话、永兴复合话、嘉禾塘村话、桂阳敖泉话，分布范围遍及郴州2区1市8县。从已有的方言材料来看，存在例外的只有永兴包括城关在内的便江以东的方言、安仁的龙海镇以及嘉禾的广发、田心、城关等少数乡镇的方言。它主要来自古影、疑母的开口一二等字。下面分析碧塘话在与城关方言的接触过程中古影、疑母今读的演变现象。

现将郴州、碧塘、城关三地方言古影、疑母开口一二等的字列举如表2-16所示：

表2-16 古影、疑母开口一二等例字读音表

地名	爱	牙	饿	岩	咬	傲	昂	肮	蔼
郴州	ŋai	ŋa	ŋo	ŋai	ŋau	ŋau	ŋan	ŋan	ŋai
碧塘	ŋai	ŋa	ŋo	ŋai	ŋau	au	ã	ã	ai

第二章 地缘接触引发的方言接触

续表

地名	爱	牙	饿	岩	咬	傲	昂	肮	蔼
城关	e	o	ɷ	a	ɤ	ɤ	ɔ	ɔ	e

以上例字的声母在郴州方言中一律读为[ŋ]，城关全部读成零声母，碧塘部分字仍保留了[ŋ]声母，另一部分字则受城关方言影响丢失了[ŋ]，呈现出逐渐消失的趋势。分析这一现象的原因，本书认为较合理的解释是出于"省力"的考虑。[ŋ]是舌根、浊、鼻音声母，发音时，先要软腭下降，打开鼻腔通路，再让舌根后缩抵住软腭，最后气流振动声带后从鼻腔通过，整个音程长且复杂。略去这个声母，符合发音的经济省力原则。

碧塘方言中[ŋ]声母所管的字已经相当有限，从以上例字可以看出都是日常生活中的常用字，而一些非常用的书面用字读零声母。可以预见，[ŋ]声母的丢落，从非常用字开始，逐渐向常用字发展，最终到整个音系中这一声母的不复存在，这将是古影、疑母开口一二等字的声母今读音在碧塘方言中的演变趋势。

2.碧塘话鼻化韵的演变趋势

郴州、碧塘和城关三地方言古阳声韵的今读情况列举如表2-17所示。

表2-17 郴州、碧塘和城关三地方言古阳声韵今读情况表

今读情况	地名		
	郴州	碧塘	城关
咸摄	an ien	ã ien	ɛ ie
深摄	in ən	in ən	ən nei
山摄	an uan ien yen	ã uã ien yen	ɛ ie ye en
臻摄	en uən in yn	en uən in yn	uən iən ŋey
宕摄	an ian uan	ã iã uã	ɔ ci c

续表

今读情况	地名		
	郴州	碧塘	郴州
江摄	an uan	ã uã	ɔ cɪ ɔ
曾摄	əŋ uŋ in	əŋ uŋ ɥe	neɪ ŋɔ ne
梗摄	əŋ uŋ in an uan	əŋ uŋ in ã uã	cʊ neɪ ne ŋɔ ɔ
通摄	uŋ ɥui	uŋ ɥui	ŋoɪ oŋ

可以看到，郴州、碧塘和城关三地方言在古阳声韵从古到今的演变上表现为三种不同的情况。郴州方言中的古阳声韵字一律保留了古音，读的都是鼻音尾韵母。古阳声韵字在碧塘方言中的今读有两种类型：一种是和郴州方言一样保留了鼻音韵尾；另一种是读鼻化元音，也就是咸山宕江摄中今主要元音为[a]的字，3个鼻化韵母分别是[ã]、[iã]、[uã]。城关话咸山宕江四摄字鼻音韵尾全部脱落，今读元音韵，此外梗摄也有元音韵的分布，其余阳声韵字仍读鼻音韵尾。

郴州方言鼻音韵尾的地位相当稳固，碧塘话和城关话古阳声韵则均呈现出两极分化的局面，其不同在于前者读成鼻音韵尾与鼻化韵，后者读成鼻音韵尾与元音韵。实际上，这三种情况清楚地反映了鼻音尾韵母演变至元音韵母的整个过程。最开始，鼻音韵尾一律保留，如郴州话；然后，部分韵母的鼻音韵尾脱落，同时元音鼻化，出现了鼻化韵，如碧塘话；最后，鼻化元音的浊音色彩完全消失，变成元音韵母，如城关话。如果按照这种演变顺序，碧塘话鼻化韵的发展趋势似乎会朝城关话靠拢，也变成元音韵母。但在调查中笔者发现，碧塘乡的年轻人无论是日常的交谈还是按《方言调查字表》的例字逐个发音，都没有发出鼻化韵，老派音系中的鼻化韵到了新派一律读成和郴州话一样的鼻音尾韵母。可以预见，碧塘话中的鼻化韵最终的演变方向仍是趋同郴州地区，即以郴州市区话为方言代表点的西南官话。

（二）词汇接触情况

碧塘话虽然属于西南官话，但碧塘由于在行政上隶属永兴县，又临近县治所在地城关镇，在各个方面都与城关有着紧密的联系，碧塘话存在许多从城关话中借贷的词语。

1.怀孕

怀孕，郴州话叫"□pa33 肚"，"□pa33"是"粘"的意思，从构词理据来分析，妇女有孕在身，肚子自然会隆起来，与常人相比，似乎肚子上粘上了一团大的东西，所以叫"□pa33 肚"。城关话有些区别，称为"□xa13 肚"，"□xa13"在城关话中指"把……戴在胸前"，用于"□xa13 肚"一词时，词义有所扩大。不难看出，两地的构词理据基本上是相似的。碧塘话的说法是"□xai13 肚"，虽然根据它本身的音系进行了语音折合，但显然是受城关话影响所致，因此可以确定，碧塘话中的"□xai13 肚"是从城关话中移植的借贷词。

2.这么

郴州话用"□kuan13"表示"这么"，"□kuan13"是一个合音词，由"咯样 kɔ53ian13"合音而来，如"□kuan13 久""□kuan13 大"。城关话中"这么"说成"□iɔ44"，如"□iɔ44 高""□iɔ44 □so21（厉害）"。碧塘话借用城关话的说法，并根据语音对应规律将读音折合成"□liã33"。

下面再举一些例子，如表2-18所示。

表 2-18　郴州、城关、碧塘三地不同发音举例

例词	郴州	城关	碧塘
丢失	se21	tsʰɷ44	tsʰo44
前面	前头	tɔ44mən44	tã44mən44
出殡	送葬	出门 tsʰi21mən35	出门 tsʰu21mən21
祖母	娭毑	娘娘 iɔ21iɔ21	娘娘 liã21liã21
蕨菜	山芽菜	蕨 tɕye21	蕨 tɕye21
理发	剃脑	剪脑 tɕie41ʅ41	剪脑 tɕien53lau53

值得注意的是，以上碧塘话借自城关话的词语，只是对词根的移植，而没有涉及语音形式的照搬，都对借词进行了一定的调整以适应自己的语音格局和发音习惯，因此借词在读音特点上与城关话的原词相比，存在或大或小的差异，换言之，折合的程度有高有低。程度低的限于声韵调的某一个方面，如第一条、第四条、第五条、第八条是韵母的不同（有些在声调调值上也有不同实际上是符合了调类对应规律）。程度高的或者在韵母和声调上都有差异，如第三条；或者在声母和韵母上都有差异，如第二条和第六条。第七条情况有些特殊，两地声、韵母，碧塘话阳平调类的调值和城关话入声调类的调值恰好又都是"21"，所以造成了巧合。移植的词根的读音都必须纳入碧塘话固有的语音系统之内，足见西南官话在郴州地区的强势地位。

三、湘永煤矿矿本部和郴州市区、永兴城关镇的方言接触

湘永煤矿矿本部（以下简称湘永）远离其方言中心区域长沙，长沙话中新的语言成分的出现、固有的语言成分的改变或消

失很难波及湘永,再加上地理上处在郴州、永兴的包围之中,在长达半个多世纪的频繁的方言接触中,湘永的方言面貌已有了根本性的变化,与今天的长沙话相比有了很大的差别。

(一)语音接触情况

1.音系的简化

(1)声母。对比湘永话与长沙话的声母系统。长沙话的声母,据鲍厚星(1999)调查,有 23 个,包括零声母在内,如表 2-19 所示:

表2-19 23个声母表

p	pʰ	m	f
t	tʰ	l	
ts	tsʰ	s	
tʂ	tʂʰ	ʂ	ʐ
tɕ	tɕʰ	ȵ	ɕ
k	kʰ	ŋ	x
ø			

和长沙话相比,湘永话缺少整套舌尖后声母[tʂ tʂʰ ʂ ʐ]、舌面前浊鼻音声母[ȵ]、舌根浊鼻音声母[ŋ];多出一个舌尖前浊擦音声母[z]。声母的总数量减少到 18 个,整个声母系统和城关话完全一致,与郴州话的声母数量相比也只少了一个[ŋ]声母。

(2)韵母。对比湘永话与长沙话的韵母系统。长沙话的韵母有 41 个,包括自成音节的[m̩ ŋ̍]在内,如表 2-20 所示:

表 2-20　41 个韵母表

ɿ	i	u	y
ʅ			
a	ia	ua	ya
o	io		
ə	ie	uə	ye
ai		uai	yai
ei		uei	yei
au	iau		
əu	iəu		
õ			
ɔ̃	ẽ		yẽ
an	ian	uan	yan
ən	in	uən	yn
oŋ	ioŋ		
m̩	n̩		

和长沙话相比，湘永话的韵母系统呈现出三个明显的特点：①撮口呼韵母大为减少，只有[y][ye][yen][y]4 个；②没有鼻化元音韵母；③多出了[ien][yen]韵母，没有[ʅ][uə][n̩]韵母。湘永话韵母的数目减少到 33 个，整个韵母系统与郴州话一致。下面列出长沙话与湘永话韵母的主要区别。

（1）长沙话的[ʅ]韵字在湘永话中一律念[ɿ]韵；长沙话的[n̩]韵字和[uə]韵字都只有一个，分别是"你"字和"国"字，湘永话分别念[i]韵和[o]韵。

（2）长沙话的[ya][yai][yei][yan]韵字在湘永话中分别归并到相应的合口呼韵[ua][uai][uei][uan]。

（3）长沙话的[õ]韵字在湘永话中分读[an][uan]两韵，[ɔ̃]念[an]韵，[iẽ][yẽ]韵字分别念[ien][yen]韵。

以上三条对应规律同样符合长沙话与郴州话。可见，湘永话在和郴州话的长期接触中深受其影响，它的韵母系统已经与源方言长沙方言的韵母系统大相径庭。

2.声韵配合关系的变化

长沙方言的[ts]组声母只拼开口呼、齐齿呼，不拼合口呼、撮口呼。湘永话没有尖团音的对立，因此[ts]组声母不与齐齿呼相拼；由于上面提到的第二条对应关系，长沙方言与[ya][yai][yei][yan]韵相拼的[tɕ]组声母字到了湘永话都变成了与[ua][uai][uei][uan]韵相拼的[ts]组声母字。总的来说，就是湘永话的[ts]组声母只拼开口呼、合口呼，不拼齐齿呼、撮口呼。能拼开口呼，这和长沙方言一样。湘永话不拼齐齿呼，但拼合口呼；长沙方言是不拼合口呼，但拼齐齿呼，两地方言正好相反。

3.音韵特征的变化

综合鲍厚星先生在《长沙方言研究》《现代汉语方言概论》及《湘方言概要》三部论著中的观点，长沙话主要有 12 个音韵特征。

（1）古全浊声母今逢塞音、塞擦音时清化，平声字一般读不送气音（极少例外），仄声字绝大部分也读不送气音，少数字读送气音，据《方言调查字表》统计，约 60 字。

（2）晓匣母合口字和非组字有相互混淆的情况，总的局面是，晓匣母字混入非组占强势，非组字混入晓匣母处弱势。

（3）泥来两母洪音相混，都读[l]；细音不混，泥母读[ȵ]，来母读[l]。

（4）知庄章三组字，今细音均读[tɕ tɕʰ ɕ]，洪音的读音有新派、老派两种类型：老派章组读[tʂ tʂʰ ʂ]，庄组读[ts tsʰ s]，知组多数读[tʂ tʂʰ ʂ]，少数读[ts tsʰ s]；新派章组、庄组和知组均读[t sts ʰs]。

（5）影母、疑母开口一二等字（除极少数外）大都念[ŋ]声母。

（6）山摄见系合口一、二等字不同音，如"官[kõ33]≠关[kuan33]"。

（7）鱼虞韵精组读[i]韵。

（8）老派曾梗两摄鼻韵尾字与臻摄混同，除少数念鼻化音外，一般都念[-n]尾。新派连通摄字也混同于臻摄，[-n]尾更占绝对优势。

（9）鼻音韵尾向鼻化演变，有较多的鼻化元音。

（10）调类有六类，分别为阴平、阳平、上声、阴去、阳去、入声。调值分别是33、13、41、55、11、24。

（11）古入声仍保存为一个独立而稳固的调类，但不带塞音韵尾，和舒声一样。

（12）阳去调类拥有一批口语色彩极浓的日常用语。例如：

冇[mau11]副词，没有：～来|～听过。

扲[to11]把锅、壶等器皿放在炉火上：把锅子～上去。

徛[tɕi11]站：你跟我～哒。

下面我们再逐条描写湘永话相对应的音韵特征。

第二章 地缘接触引发的方言接触

（1）古全浊声母今逢塞音、塞擦音时清化，平声字一般读送气音（极少例外），仄声字绝大部分读不送气音，只有极少数字读送气音，长沙方言读送气音的约 60 个字当中湘永话仍读送气音的不足 20 字。

（2）古晓、匣母逢遇合一等韵和非、敷、奉母字同读[f]声母，逢其他韵仍读[x]声母。

（3）古泥、来母不论逢洪音细音一律混读[l]声母。

（4）知庄章三组字，今细音均读[tɕ][tɕʰ][ɕ]，洪音均读[ts][tsʰ] [s]。

（5）影母、疑母开口一二等字一律念零声母。

（6）山摄见系合口一、二等字同音，如"官=关[kuan33]"。

（7）鱼虞韵精组读[y]韵。

（8）曾梗两摄鼻韵尾字与臻摄混同，一律都念[-n]尾，通摄字则念[-ŋ]尾。

（9）古阳声韵仍读鼻音韵尾，没有鼻化元音。

（10）调类有六类，分别为阴平、阳平、上声、阴去、阳去、入声。调值分别是 33、13、41、55、11、24。

（11）入声和舒声一样，不带塞音韵尾。

（12）阳去调类也拥有一批口语色彩极浓的日常用语，例子同长沙话，此略。

衡量以上 12 条音韵特征，其中（1）、（3）、（6）、（7）及（9）与郴州话相同，尤其是（1）体现出典型的西南官话特征，而这一条正是判定方言归属的重要依据。（2）和（5）与城关话一样。（10）～（12）才和长沙话相同，还能让我们据此判断湘永话的源方言。

还有两条情况有些特殊,湘永话(4)的特征和新派长沙话、郴州话、城关话相同,而(8)的特征又和老派长沙话、郴州话、城关话相同。它们究竟是受周边方言的影响还是相承了长沙话的特征,目前还不好做出结论。除了这两条特征以外,在其余10条特征当中,和长沙话相同的仅有3条,另外7条不是与郴州话相吻合,就是趋同城关话,而绝大部分都呈现出与郴州话惊人的一致。

(二)词汇接触情况

湘永话的词汇系统不像语音系统出现了那样大的变动,它仍然体现了湘方言的鲜明特色,《长沙方言研究》中所记录的绝大多数长沙方言词语在湘永话中都得到了保留。由于"方言岛"的特殊地理位置和西南官话在郴州地区的强大辐射能力,湘永话又受到了周边城关话、郴州话的双重影响,反映在词汇上的突出表现就是对这两地方言词语的借贷,如表2-21所示:

表2-21 不同地区方言词语的借贷

词语	湘永	长沙	城关	郴州
鞭炮	炮冲	鞭子	炮冲	炮冲
晚上	夜晚上	夜间子	夜晚上	夜晚上
赶集	赶墟	赶集	赶墟	赶墟
烂泥	泻泥巴	烂泥巴	泻泥巴	泻泥巴
窗户	窗板	亮窗	窗板	窗户
嘴唇	唇皮	嘴巴皮子	唇皮	唇皮
外婆	外外	外婆	外外	外婆
妻子	夫娘	堂客	夫娘	夫娘

第二章 地缘接触引发的方言接触

湘永话的借词有一个很明显的特点,借贷最多的是城关、郴州两地通用的词语,其次是只见于城关话不见于郴州话的,而只见于郴州话不见于城关话的借词很少。

湘永话吸收强势方言郴州话的词语,这很容易理解。而吸收的词语能否在湘永话中扎根下来,还要经过一次验证,验证的标准就是这部分词语是不是也同样通行于城关话。为什么会这样呢?我们要结合当地居民的社会生活来分析。

长期以来,湘永除了在主营业务、机关人事任免上由湖南白沙矿务局管理外,其余各项机构都直属于永兴相关部门,工作人员也多是永兴本地人。湘永的商业、服务业等都不是很发达,很多人经常来城关购物消费。湘永距离城关的中心城区 4 千米左右,城关的公共汽车路线直接延伸到湘永,两地之间的交通十分方便,但当地居民要乘车出行至除郴州市以外的其他地方,则都必须经城关中转。近年来,随着城关的城区不断扩大,经济逐步发展,市场环境优化,提供的就业机会越来越多,很多湘永人来到城关工作、经商,由于湘永与城关居民之间这种频繁的接触,为了减少言语障碍,顺畅地交流沟通,借用城关话中的一些词语是湘永话自然而然的选择。

一方面是强势方言的辐射,另一方面是与社会生活密切相关的城关话,湘永话对周边方言词语的借贷在郴州话和城关话的双重影响下更大程度地选择了取两者"交集"的折中的办法。湘永在社会生活上对郴州的依赖程度远不及城关,借贷的词语中只见于郴州话的是最少的。

湘永方言岛远离其移民原居地,其方言在语音系统上已经发生了根本性的变化，再把它视为湘方言可能不大合适，但划归西南官话也很难说得过去，毕竟声调的类别和调值、保留入声等特点和长沙话仍然是一样的，尤其是它的词汇系统还体现出鲜明的湘方言色彩。目前只能把它称为一种融合了湘方言、西南官话成分且融合程度相当高的混合型方言。

第二节　永兴柏林镇、安仁龙海镇的方言接触

永兴县的柏林镇和安仁县的龙海镇相距 18 千米左右。两地盛行赶集（当地称为赶墟），定期聚集进行商品交易活动，柏林的集市是逢二、七（按农历计算，指只要是个位上有这两个数字的日子）开市，龙海是逢三、八开市。柏林与龙海各自开市的日子正好错开，当地百姓经常互赶集市，调剂余缺。在这种频繁的往来中，柏林话和龙海话自然而然地发生了接触，引起了一系列方言接触的结果。

一、语音接触情况

（一）龙海话[ŋ]声母的消失

后鼻音声母[ŋ]在安仁的很多方言点是广泛存在的，如渡口、禾市、城关、安平、朝阳、竹山、羊脑等地。龙海话和柏林一样没有这个声母，相应的字都念零声母，这是永兴多数方言点的突出特征，龙海话音系中没有声母[ŋ]无疑是受柏林话影响的结果。

(二)柏林话[ŋ]韵字的增多

永兴城关话有一个较突出的音韵特征,也就是深开三等,臻开一、三等,曾开三等,梗开二、三等,舒声韵的日、疑、影、以母字今读声化韵[ŋ],据《方言调查字表》统计,约 50 字。龙海话也有[ŋ]韵字,但所属字只有"银、人、鱼、你、疑、尼"等极少数几个,而且和城关话在韵摄的分布上有所不同,龙海话不仅臻摄的"银、人"两字念[ŋ]韵外,就连属阴声韵的遇摄、止摄也出现了[ŋ]韵字。柏林话保留了城关话的上述特征,但字数较城关话多出了 3 个,这 3 个字正好是龙海话同样也读[ŋ]韵的"鱼、你、尼"。应该说,阳声韵是柏林话[ŋ]韵字出现的主要地盘,占主体地位,阴声韵中仅有的几个字很可能是在与龙海话接触的过程中向龙海话借贷的结果。

二、词汇接触情况

词汇上的变动是柏林话和龙海话方言接触最突出的情况,表现出的类型非常丰富,下面逐条归纳。

(一)词语的借贷

两地互有借自对方方言的词语,总的来看,柏林话借自龙海话的占多数。

1.柏林话借自龙海话的词语(表 2-22)

表 2-22 柏林话借自龙海话的词语表

词语	永兴城关	永兴黄泥	柏林	龙海	安仁禾市	安仁灵官
斗笠	帽檐	帽檐	笠斗	笠斗	笠斗	笠斗

续表

词语	永兴城关	永兴黄泥	柏林	龙海	安仁禾市	安仁灵官
向日葵	盘子花	盘子花	拜头年	拜头年	拜头年	拜头年
窗户	窗板	窗板	箭眼	箭眼	箭眼	箭眼
玩	搞	搞	嬉	嬉	嬉	嬉
丈夫	老公	老公	男子	男子	男子	男子
打瞌睡	垂困	垂困	垂眼眠	垂眼眠	垂眼眠	垂眼眠
（睡）醒	眼开	眼开	眼张	眼张	眼张	眼张

2.龙海话借自柏林话的词语（表2-23）

表2-23 龙海话借自柏林话的词语表

词语	永兴城关	永兴黄泥	柏林	龙海	安仁禾市	安仁灵官
抽屉	扯箱	扯箱	扯箱	扯箱	屉子	屉子
乌龟	乌龟 kui	乌龟 kui	龟 kui	龟 kui	乌猪 tʃy	乌龟 tʃy

（二）构词语素的借贷

值得注意的是，柏林话在构词的时候会借用龙海话的语素来构成一些不同于龙海话的词语。龙海话中表示柜子这一类别的器具的词语大多含有"橱"这个语素，如"碗橱""五屉橱"。永兴的多数方言点用的语素都是"柜"。柏林话不仅说"碗橱""五屉橱"，也把"衣柜"称为"衣橱"，龙海话中用的则是"摆柜"。借入的语素发生了更大范围的类化作用，可见龙海话的这种语素对柏林话产生了较大的影响，也说明语素借贷的作用力明显比单个词语的要大。

（三）构词理据的借贷

甲方言根据乙方言中某词语的构造方式或者说造词理据而使

用自身方言的语素来构成词语,是构词理据的借贷。例如,永兴各方言点把"起床"叫"起头",安仁占主体地位的说法是"起起(后一个字念擦音)",靠近柏林的龙海的方言也仿照柏林话的说法说成"起脑"。所谓"起脑"就是"起头",但这个词语使用的是安仁当地话的语素"脑",构造理据相同词形不同。安仁很多地方话无论是表示"头部"的实词还是接于名词性词根的后缀一律用"脑",如脑顶(头顶)、枕脑(枕头)、木脑(木头)、藠脑(藠头)。

(四)词缀构词能力的增强

"子"与"婆"作为后缀加在形容词或动词性词素后构成对某一类人的称呼,并形成男女性别的对立。这一特点在永兴、安仁各地普遍存在。例如,说"猛子(身体强壮的蛮干者)",不说"猛婆(身体强壮的蛮干的女人)"。安仁话中这些说法则都有。受龙海话的影响,柏林话的词缀"婆"也能派生出上面永兴其他方言点没有的词语,构词能力明显增强。

(五)词义的演变

柏林话和龙海话的相互接触不仅引起词语的双向借贷,也促发了词义的演变。所谓词义的演变是指受影响方言的词的形式不变,而意义在周边方言的影响下发生了变化。从词义演变的结果来看,新的意义主要是旧有意义的扩大、转移以及义项的增盈三种情况。

1.词义的扩大

一个词的意义,如果演变后所概括反映的现实现象的范围比原来的大,就称为词义的扩大。下面先看龙海话对柏林话的影响。

(1)灶门口。灶门口表示"厨房",永兴包括城关在内的多数乡镇都说"灶屋",安仁则大面积存在称"灶门口"的方言点。永兴城关也有"灶门口"的说法,仅指灶旁边的小块地方。柏林话中不说"灶屋",和龙海话一样把"厨房"称为"灶门口",可见柏林话中"灶门口"的意义和旧义相比扩大了。

(2)庵子。只住尼姑的佛寺,永兴普遍说成"庵子";只住和尚的佛寺,另有"庙"一词表示。柏林受龙海话的影响,一概说"庵子"。

再举一个龙海话词义扩大的例子。

安仁城关、禾市、牌楼等安仁话的中心区域,用"满百公"来表示"婴儿满一百天",永兴一带包括柏林在内的各方言点"满百公"所指的对象不限于婴儿,新屋落成、红白大事等日常生活中的重要事件满一百天都可以叫"满百公",龙海话照柏林话,这一词语概括反映的现象的范围要比安仁其他方言点的大。

2.词义的转移

甲方言表示某类现实现象的词义,改变为表示乙方言的另一类现实现象,这种演变就是词义的转移。柏林话在龙海话的影响下出现了词义转移的情况。

例如,永兴很多方言点都把"干妈"称为"亲娘",没有血缘关系却以"亲娘"相称,凸显了一种亲昵的感情色彩。龙海话中"亲娘"的意思截然不同，指婚礼进行时被特邀在新郎家专门接待、陪伴新娘的妇女，柏林话中"亲娘"的所指同龙海话。

再看表 2-24 的例子。

表 2-24　不同地区词义转移示例表

地名	词语	
	歇客	和气
永兴城关	留客人在家中过夜	和气
柏林	以酒饭款待客人	热情
龙海	以酒饭款待客人	热情
安仁禾市	同龙海	热情

3.义项的增盈

一个词的意义，如果演变后由单义词变成多义词或者在多义词的基础上再增加新的义项，这种演变就是义项的增盈。

"头子"在安仁的龙海、灵官、禾市、城关、安平等方言中是一个多义词，有两个义项：一个指领头的人，另一个指做生意的本钱。永兴各方言点中这个词多为单义词，指领头的人，只有在和安仁接壤的柏林、洞口等乡镇的方言中属于多义词，这也是由方言的接触导致的。

第三节　桂东城关镇、汝城城关镇与资兴兴宁镇的方言接触

资兴兴宁话是郴州境内比较有代表性的赣语之一。这与早先不少江西人迁移到兴宁有关。据考证，唐宋时期，大量的江西移

民开始进入兴宁。各大姓氏族谱表明,从江西西南部等地来做官、经商、逃荒的江西人,在早期兴宁人口中占有相当大的比重。老辈把江西人尊称为"江西公",现在称其为"江西老表",足见兴宁人与江西人"姻亲"之久远,关系之密切。

汝城与江西、广东交界,其方言受其影响较大。宋明时期,大量人口迁入汝城,主要移民即来自江西和广东,以江西为甚。在大量移民的基础上,汝城方言就逐渐形成了以客家话为基调的格局,城关话是其代表。

桂东是典型的山区县,全县山地占92.65%,平均海拔为844米。据《桂东县志》记载:"县内居民多数是宋元明时代自江西迁入的后裔。"也就是说桂东人的祖先大多是客家第二次移民后迁入桂东的。桂东置县比较晚,宋嘉定四年(1211年),才从汝城县分离出来,桂东话与汝城话又有着密切的关系。独特的地理位置与特殊的历史背景,形成了桂东城关话的基本特点,即以外来移民的语言文化为背景,以客家方言为主,封闭性极强,外部文化侵入所产生的影响是缓慢和渐进的。

资兴、汝城和桂东在地理位置上互相接壤。随着社会的进步、公路的贯通和经济文化交流的增加,这三个县市在频繁接触的基础上,其方言也发生了新的变动,呈现出"你中有我,我中有你"的复杂局面。

一、语音接触情况

陈立中在其博士学位论文《湖南客家方言音韵研究》中对桂东城关话和汝城城关话的音韵特点进行了细致的描写,并指出这

第二章 地缘接触引发的方言接触

两处方言与客家话在语音方面有着明显的差异,不应该把它们看成客家话。实际上,有的差异或许是方言按其自身发展规律演变的结果,而有的差异从方言接触的视角来看,更可能是受周边赣方言兴宁话影响所致。

(1)一些古见、晓母字在客家话中念不送气音,而在桂东话中念成送气音,如关[kʰuã]、货[kʰɤɯ]、荤[kʰuən],客家话分别读[kuan][fo][xuən]。

出现这种变化的动因,我们可以从兴宁话中找到答案。上面提到的三个字,兴宁话的读音是关[kʰuaŋ]、货[kʰɯ]、荤[kʰuən],声母都是送气音,直接影响到了桂东话的读音。

(2)部分止摄合口字在桂东话中韵母念撮口韵[y]的现象在客家话中很少见。

如果把视角放大到郴州境内的兴宁话、永兴话、安仁话,在以上方言中其实是比较普遍的现象。表2-25对比桂东话、客家话和赣语止摄合口字的韵母:

表2-25 桂东话、客家话和赣语止摄合口字的韵母对比表

例字	桂东话	茶陵客家话	攸县客家话	宜章客家话	兴宁话	永兴城关话	安仁禾市话
嘴	y	ei	ɛi	uai	y	y	y
吹	y	ei	ɛi	uai	y	y	ue
跪	y	ɔi	ɔi	uai	y	ui	y
醉	y	ei	ɛi	ei	y	y	y
水	y	ei	ɛi	uei	y	y	ue
鬼	y	uei	uɛi	uei		ui	

可以看到,桂东话的读音多与兴宁话相同,永兴城关话、安仁禾市话也有不少读[y]的字,这是郴州境内具有赣语色彩的方言的一个共同特点。不仅如此,湘南土话各点也广泛地存在这个现象。而正是由于资兴与桂东在地缘上的相邻,这一特点的横向传递才得以实现。

(3)桂东话蟹摄开口一、二等字大都韵尾脱落,这种情况在客家话中是少见的,如表2-26所示。

表2-26 蟹摄开口一、二等例字读音对比表

例字	桂东话	茶陵客家话	攸县客家话	兴宁话	永兴城关话	安仁禾市话
摆	a	ai	ai	a	a	æ
派	a	ai	ai	a	a	æ
柴	a	ai	ai	a	a	æ
灾	a	ai	ai	a	a	æ
拜	a	ai	ai	a	a	æ
埋	a	ai	ai	a	a	æ
排	a	ai	ai	a	a	æ
代	a	i	i	a	e	æ
材	a	ai	ai	a	e	æ
戴	a	ai	i	a	a	æ
赖	a	ai	ai	a	a	æ

其他客家话韵尾得到了保留,桂东话和赣方言则是单元音韵母。以上例字在桂东话和兴宁话中的韵母都是[a],安仁禾市话虽然各字韵母一致,但读的是[æ],永兴城关话的情况是分读[e]、[a]两韵,以[a]韵居多。因此,从音素吻合的程度来看,桂东话和兴宁话无疑是最为接近的。可以认为,这也是桂东与资兴、永兴及安仁的距离远近度在语音相似度上的体现。

（4）部分疑、影母一、二等字在客家话中为零声母，在桂东话和汝城话中声母念[ŋ]。

客家话中也有[ŋ]声母，但所管的字数不及桂东话、汝城话多，而这两地话多出来的这些字在兴宁话中一律读作[ŋ]声母，如表 2-27 所示。

表 2-27 部分疑、影母一、二等例字读音对比表

例字	声	客家话	桂东话	汝城话	兴宁话	禾市话
爱	影	ai	ŋuɛ	ŋai	ŋai	ŋæ
蔼	影	ai	ŋa	ŋai	ŋai	
庵	影	an	ŋuã	ŋa	ŋau	ŋã
鞍	影	an	ŋuã	ŋa	ŋau	
懊	影	au	ŋaʌ	ŋau	ŋau	
衙	疑	ia	ŋɔ	ŋo	ŋo	ŋa
岸	疑	an	ŋuã	ŋa	ŋaŋ	ŋã
傲	疑	au	ŋaʌ	ŋau	ŋau	
藕	疑	ɛu	ŋɛ	ŋɛu	ŋai	ŋə

（5）假摄字和少数蟹摄、咸梗摄入声字韵母的主要元音在客家话中为[a]，在桂东话和汝城话中为[o]。下面对比各方言点例字的读音（表 2-28～表 2-31）：

表 2-28 假摄开口二等读音对比表

例字	攸县客话	茶陵客话	宜章客话	桂东话	汝城话	兴宁话	永兴话	禾市话
家	ka	ka	ka	ko	ko	ko	ko	ka
架	ka	ka	ka	ko	ko	ko	ko	ka

续表

例字	攸县客话	茶陵客话	宜章客话	桂东话	汝城话	兴宁话	永兴话	禾市话
嫁	ka	ka	ka	ko	ko	ko	ko	ka
麻	ma	ma	ma	mo	mo	mo	mo	ma
马	ma	ma	ma	mo	mo	mo	mo	ma
牙	a	a	a	o	o	o	o	a
哑	a	a	a	o	o	o	o	a
疤	pa	pa	pa	pa	po	po	po	pa
沙	sa	sa	sa	so	so	so	so	sa
纱	sa	sa	sa	so	so	so	so	sa
叉	tsʰa	tsʰa	tsʰa	tsʰo	tsʰo	tsʰo	tsʰo	tsʰa
茶	tsʰa	tsʰa	tsʰa	tsʰo	tsʰo	tsʰo	tsʰo	tsa
渣	tsa	tsa	tsa	tso	tso	tso	tso	tsa
榨	tso	tsa	tsa	tso	tso	tso	tso	tsa
虾	xa	xa	xa	xo	xo	xo	xo	ha
下	xa	xa	xa	xo	xo	xo	xo	ha

表2-29 假摄开口三等读音示例表

例字	攸县客话	茶陵客话	宜章客话	桂东话	汝城话	兴宁话	永兴话	禾市话
惹	ia	ŋia	le	ŋio		io	io	
野	ia	ia	ia	io	io	io	io	ia
夜	ia	ia	ia	io	io	io	io	ia
写	ɕia	ɕia	ɕia	ɕio	ɕio	sio	ɕio	ia

第二章 地缘接触引发的方言接触

续表

例字	攸县客话	茶陵客话	宜章客话	桂东话	汝城话	兴宁话	永兴话	禾市话
赊	ʂa	sa	sa	so	so	so	ɕio	ʃa
蛇	ʂa	sa	sa	so	so	so	ɕio	ʃa
捨	ʂa	sa	se	so	so	so	ɕio	ʃa
斜	ɕia	ɕia	ɕie	tɕʰio	tɕʰio	tsʰio	tɕʰiɔ	
谢	ɕia	tɕʰia	ɕie	ɕio	tɕʰio	tsʰio	tɕʰio	tsʰia
车	tʂʰa	tsʰa	tʰa	tsʰo	tsʰo	tsʰo	tɕʰio	tʃʰa
扯	tʂʰa	tsʰa	tʰa	tsʰo	tsʰo	tsʰo	tɕʰio	tʃʰa
借	tɕia	tɕia	tɕia	tɕio	tɕio	tsio	tɕio	ia
遮	tʂa	tsa	ta	tso	tso	tso	tɕio	tʃa

表2-30 假摄合口二等读音示例表

例字	攸县客话	茶陵客话	宜章客话	桂东话	汝城话	兴宁话	永兴话	禾市话
瓜	kua	kua	kua	ko	ko	ko	ko	kua
寡	kua	kua	kua	ko	ko	ko	ko	kua
瓦	a	a	a	o	o	o	o	a
花	fa	fa	fa	xo	xo	xo	xo	hua
划（～船）	fa	pʰa	fa	xo	xo	xo	xo	hua

表2-31 蟹咸梗摄读音示例表

例字	攸县客话	茶陵客话	宜章客话	桂东话	汝城话	兴宁话	永兴话	禾市话
提	tʰia	tʰia	tʰia	tʰio	tio	tio	tia	
话（动词）	ua	ua	ua	o	o	o	ua	

续表

例字	攸县客话	茶陵客话	宜章客话	桂东话	汝城话	兴宁话	永兴话	禾市话
话（名词）	fa	fa	u	xo	xo	o	xo	hua
卦	kua	kua	kua	ko	ko	ko	ko	
画	fa	fa	fa	xo	xo	xo	xo	hua
黏	tṣɛ̃	ŋia	tɛn	ŋio	ŋio	nio		
摘	tsaʔ	tsak	tsa	tsoʔ	tso	tse		
石	ṣaʔ	ṣak	sa	soʔ	so	so		
尺	tṣʰaʔ	tsʰak	ta	tsʰoʔ	tsʰo	tsʰo	tʃʰa	
壁	piaʔ	piak	pia	pioʔ	pio	pio	pia	
划（计~）	faʔ	fa	xua	xoʔ	xo	xo	xua	hua

通过和周边各种类型方言比较发现，桂东话、汝城话的读音与兴宁话表现出高度的一致。桂东话多数字读[o]韵，但仍有个别字如"疤"保留了客家话[a]韵的一贯读法，这种现象尤其体现了它因受兴宁话影响而处于过渡并向其靠拢的过程之中。

（6）部分遇摄三等字在客家话中韵母念[i]或[u]，在桂东话和汝城话中韵母念[y]。这仍是包括兴宁话在内的郴州境内赣方言的共同特点，如表2-32所示。

表2-32　部分遇摄三等字的读音示例表

例字	客家话	桂东话	汝城话	兴宁话	永兴城关话	禾市话
居	tɕi	tɕy	tɕy	tɕy	tʃy	tʃy
女	ŋi	ŋy	ŋy	ly	n̩	n̩
树	ɕi	tɕʰy	ɕy	ɕy	ʃy	tʃy

第二章　地缘接触引发的方言接触

续表

例字	客家话	桂东话	汝城话	兴宁话	永兴城关话	禾市话
住	tɕʰi	tɕʰy	ty	tɕʰy	tʃʰy	tʃʰy
厨	tɕʰi	tɕʰy	tɕʰy	tɕʰy	tʃʰy	tʃy
句	tɕi	tɕy	tɕy	tɕy	tʃy	tʃy
鼠	ɕi	ɕy	ɕy	ɕy	ʃy	ʃy
鱼	ŋi	ŋy	ŋy	ly	ʒy	ŋ
除	tɕʰi	tɕʰy	tɕʰy	tɕʰy	tʃʰy	tʃy
猪	tɕi	ty	y	tɕy	tʃy	tʃy
取	tsʰi	tɕʰy	tɕʰy	tɕʰy	tʃʰy	tʃʰy
乳	lu	y	y	y	ʒy	y
苎	tsʰu	tɕʰy	tʰy	tɕʰy	tʃʰy	tʃʰy
输	ɕi	ɕy	ɕy	ɕy	ʃy	ʃy
主	tɕi	tɕy	tɕy	tɕy	tʃy	tʃy

（7）果摄字在客家话中大多以[o]为主要元音，而桂东话大都念作[əɯ]，汝城话读[u]，如表 2-33 所示。

表 2-33　果摄字读音示例表

方言	薄	多	鹅	饿	歌	禾	婆	锁	驼	左
浏阳客家话	o	o	o	o	o	uo	o	o	o	o
攸县客家话	o	o	o	o	o	uo	o	o	o	o
茶陵客家话	ɔ	o	o	o	o	uo	o	o	o	o
桂东话	əɯ	əɯ	əɯ	əɯ	əɯ	əɯ	əɯ	əɯ	əɯ	əɯ
汝城话	u	u	u	u	u	u	u	u	u	u

续表

方言	薄	多	鹅	饿	歌	禾	婆	锁	驼	左
兴宁话	ɯ	ɯ	ɯ	ɯ	ɯ	ɯ	ɯ	ɯ	ɯ	ɯ
永兴城关话	ʊ	ʊ	ʊ	ʊ	ʊ	ʊ	ʊ	ʊ	ʊ	ʊ

兴宁话和永兴城关话都具有主要元音高化的特点。桂东话的[əɯ]韵和汝城话的[u]韵应该是兴宁话渗透、影响的结果。更能说明问题的是，桂东话、汝城话蟹、假、果摄主要元音也同这两处方言一样形成[a]、[o]、[ʊ]（或相似变体）序列，如表2-34所示：

表2-34 [a]、[o]、[ʊ]序列示例表

方言	买	拜	柴（蟹摄）	家	夜	花（假摄）	多	歌	驼（果摄）
汝城话	ai	ai	ai	o	io	o	u	u	u
桂东话	a	a	a	o	io	o	əɯ	əɯ	əɯ
兴宁话	a	a	a	o	io	o	ɯ	ɯ	ɯ
永兴城关话	a	a	a	o	io	o	ʊ	ʊ	ʊ

不同的是桂东话、兴宁话、永兴话以及某些湘语点这一序列的形成过程多是由于蟹摄字元音韵尾脱落，韵母变为单元音[a]，假摄为与其区别，由[a]演变到[o]，进而又推动果摄高化至[ʊ]或[ɯ]；汝城话在蟹摄保留元音韵尾[i]的情况下，假摄与果摄仍然发生由[o]到[u]的连锁变化，这可以说是汝城话的一个特点。

二、词汇接触情况

兴宁话和桂东话、汝城话分属于赣、客两种不同的大方言，在词汇上有着明显的差异，尤其是通过方言特征词很容易把它们区分开来。但由于这三种方言都处于所属大方言的边界区域，地

理上距离方言区域中心较远,而方言特征词往往在中心区域表现得较为明显,边界区域则呈现诸多变异,表现得不够充分,这正是方言之间接触、渗透的结果。

(一)兴宁话的词汇接触情况

曹廷玉在《赣方言特征词研究》一文中分析了 35 条一级赣语特征词,我们以此来对兴宁话进行检验。

兴宁话中与赣方言一级特征词一致的有以下 17 条(括号内为相应的说法):柱下石(磉石)、脚跟(脚踭)、贪污(吃冤枉)、焐暖(爊)、隔几天(间几日)、闻(嗅)、购置(置)、趴着(匐)、药水等液体刺激皮肤(咬)、比试(较)、墨水扩散(洇)、误车(达车)、食物脆(嘈)、圆溜溜(揪圆)、酸溜溜(揪酸)、把桌脚垫稳(楔)、正(好、妥当)。

其余特征词兴宁话相对应的说法分三种类型:

1.和郴州话相同(表2-35)

表2-35 和郴州话相同的词示例表

赣方言一级特征词	兴宁话、郴州话
咽(嗓子嘶哑)	嘶
迹仇(手脚印)	手印、脚印
拐(脚部残疾)	跛
舞(多功能动词,如舞饭、舞菜)	搞(搞饭、搞菜)
清汤(馄饨)	饺饵
猴(羡慕、想得到)	羡慕
撇脱(方便、容易)	易得
莽(长、人高)	长、高
凑(再)	再

2.受客家话影响

按受客家话影响程度不同，分为两种情况。一是直接吸收客家话的说法，如"交合"一词兴宁话同客家话说"鸟"，不像赣语说"戳"。二是借用客家话的词与自身方言的词融合构成新词语。对于这种构词方式，游汝杰（2000）提出了"合璧词"的概念，认为它是"来自不同方言的语素组成一个同义复合的合成词"。不同的是，兴宁话的这种融合词的内部语法结构关系不限于"同义复合"，还包括"偏正修饰"。例如，"体垢"一词，客家话说"浼"，赣语多说"垢"，兴宁话说"浼垢"，是客家话和赣语的融合，它们之间是"同义复合"关系。再如，"竹扫把"在兴宁话中是"禾宅扫秆"，既不同于赣语的"禾宅帚"，也有别于客家话的"秆扫"，它由赣语词"禾宅"与客家话调换语素顺序后的"秆扫"构成，这是"偏正修饰"关系。

除了自身方言的特征词受客家话影响以外，兴宁话还直接吸收了部分客家话方言区特征词（特征词参照《客家方言的特征词》）。

地：坟墓。

猫公：猫（统称）。

打走：（被水）冲走。

横：胡乱地猛摔（较重物体）。

较：用东西去换（糖果等）。

打帮：靠他人帮忙，依赖他人得到好处。

中：（头）顶、遮盖。

孵：蹲。

保护：保佑。
瘑：器具磨损、钝秃。
抛：车很颠簸。
匏勺：匏子外壳做的瓢。
唱喏：（双手合十）拜神、佛、祖宗等，伴有祈祷言语。

3.其他（表2-36）

表2-36 其他情况

赣方言一级特征词	兴宁话
荷包（衣兜）	袋
来记（忘记）	记唔得
斗风（逆风）	背风

（二）桂东城关话的词汇接触情况

温昌衍在《客家方言的特征词》中列出了87条客家话内部大体一致而区外则属罕见的客家话方言区特征词，我们以此来检验桂东话的情况。

桂东话中与客家话方言区特征词一致的有以下29条。

地：坟墓。

湖（水湖）：小水坑，积水洼地。

保护：保佑。

大水蚁：下雨前后飞的白蚁。

打走：（被水）冲走。

打帮：靠他人帮忙，依赖他人得到好处。

抛：车很颠簸。

横：胡乱地猛摔（较重物体）。

蜃：（用指甲）掐。

较：用东西去换（糖果等）。

据：（手指）冻僵，不灵活。

唱喏：（双手合十）拜神、佛、祖宗等，伴有祈祷言语。

㳺：体垢。

唔得：巴不得。

赶滚：趁热。

扨：拔、扯。

滟：水面荡漾、波动。

发虫：长出虫子。

做：保养，珍惜。

屋崠：屋脊。

鄙：（做事）差，不好。

匏勺：匏子外壳做的瓢。

弥：母亲，多用作面称。

姊嫂：妯娌。

莙：稀疏。

地理先生：风水先生。

中：（头）顶、遮盖。

瘹：器具磨损、钝秃。

A 瘹 A 绝：形容程度深（如愚蠢到极点）。

其余特征词桂东话相对应的说法分五种类型：

第二章 地缘接触引发的方言接触

1.和兴宁话及多数赣方言点相同,这是最主要的类型

客家方言区特征词	桂东话、兴宁话、赣方言
湖蚂（蚂蟥）	蚂蟥
嫲（指雌性动物）	婆
屎乌蝇（绿头苍蝇）	屎蝇
旧饭（剩饭）	现饭
操（用能滤水的器具快速捞起水中物）	捞
票（摩擦，烫伤引起的水疱）	泡
□[au]冤枉、诬陷	冤枉
嚯（用罩子罩住鸡鸭）	罩
楼棚（楼板）	楼板
种草（种族遗传）	遗传
蛇虫（蛔虫）	蛔虫
抻叉（衣服伸展不皱）	平
潇（池塘水干了）	干
耐（结实耐用）	禁用
精（谷物子实饱满）	壮谷
係话（如果）	要是
紧（……）紧（……）	越……越……

2.和兴宁话相同,少见于其他赣语点（表2-37）

表2-37 和兴宁话相同,少见于其他赣语点示例表

客家方言区特征词	桂东话、兴宁话	赣方言
夭（湿泥、面粉团等因含水多而稀烂难定型）	烂	□[cia]
虱嫲（虱子）	狗蚤	虱婆

3.和兴宁话不同,但见于多数赣语点(表2-38)

表2-38 和兴宁话不同,但见于多数赣语点示例表

客家方言区特征词	兴宁话	桂东话、赣方言
搣(用长棍子搅动)	口[koŋ]	搅
擎(打伞)	扴	撑
屋下(家里)	屋头	屋里
荷(挑)	口[uei]	担
颔(脖子前面部分)	颈箍、颈颡	颈
秆扫(扫帚)	扫秆	扫帚
姝(母亲,多用作引称)	老娘	娘
两姨丈(两连襟)	两姨父	连襟

4.合璧词

(1)蟑螂:黄蚻婆(桂东话)、黄蚻(客家话)、蚻婆(兴宁话)。

桂东话对于"蟑螂"的说法由提取客家话、赣语词语的相同语素再融合它们不同语素的方式构成。

(2)回家:转屋里(桂东话)、转屋下(客家话)、回屋里(赣方言)。

桂东话对于"回家"的说法由提取客家话的动词性语素和赣语的名词性语素构成。

5.不同于兴宁话及多数赣方言点(表2-39)

表2-39 不同于兴宁话及多数赣方言点示例表

客家方言区特征词	桂东话	兴宁话	赣语
孵(蹲)	勾	足古	足古、蹲
斫猪肉(买猪肉)	斩肉	斫肉	斫肉
噘(嘴)	嘴	嘴巴	嘴巴
笠嫲(斗笠)	斗篷	笠斗	斗笠

续表

客家方言区特征词	桂东话	兴宁话	赣语
肚蛇（因缺油水而觉得极饿）	肚饥	腹荒	搂

桂东话也借贷了部分赣方言一级特征词。

拐：脚部残疾。

煴：焐暖。

间：隔（几天）。

嗅：闻。

懆：食物脆。

洇：墨水扩散。

匐（到）：趴着。

咬：药水等液体刺激皮肤。

（三）汝城话的词汇接触情况

汝城话中与客家方言区特征词一致的有以下31条。

地：坟墓。

大水蚁：下雨前后飞的白蚁。

打走：（被水）冲走。

抛：车很颠簸。

打帮：靠他人帮忙，依赖他人得到好处。

横：胡乱地猛摔（较重物体）。

赶滚：趁热。

中：（头）顶、遮盖。

较：用东西去换（糖果等）。

仰：身体转动或抖动。

保护：保佑。

裁：砍断。

唔得：巴不得。

扔：拔、扯。

滟：水面荡漾、波动。

唱喏：（双手合十）拜神、佛、祖宗等，伴有祈祷言语。

屋下：家里。

发虫：长出虫子。

屋崠：屋脊。

鸡舍：鸡厩。

种草：种族遗传。

蛇虫：蛔虫。

匏勺：匏子外壳做的瓢。

瘭：（摩擦，烫伤引起的）水疱。

弥：母亲，多用作面称。

地理先生：风水先生。

抻义：（衣服）伸展不皱。

据：（手指）冻僵，不灵活。

噙：（用）罩子罩住（鸡鸭）。

瘸：器具磨损、钝秃。

鲜：（汤、粥）稀。

另外，"蚂蟥"说"蜞"，不完全同于客家话的通常说法"湖蜞"，但仍含有词根"蜞"。

其余特征词汝城话相对应的说法也分四种类型：

1.和兴宁话及多数赣方言点相同（表2-40）

表2-40　和兴宁话及多数赣方言点相同示例表

客家方言区特征词	汝城话、兴宁话、赣方言
嫲（指雌性动物）	婆
旧饭（剩饭）	现饭
湖（小水坑，积水洼地）	凼
撡（用能滤水的器具快速捞起水中物）	捞
□[au]（冤枉、诬陷）	冤枉
楼棚（楼板）	楼板
苾（稀疏）	疏
潎（池塘水干了）	干
耐（结实耐用）	禁用
精（谷物子实饱满）	壮谷
係话（如果）	要是
紧（……）紧（……）	越……越……

2.和兴宁话相同，少见于其他赣方言点（表2-41）

表2-41　和兴宁话相同，少见于其他赣方言点示例表

客家方言区特征词	汝城话、兴宁话	赣方言
虱嫲（虱子）	狗蚤	虱婆
颔（脖子前面部分）	颈颗	颈、颈筋
笠嫲（斗笠）	笠斗	斗笠
姊嫂（妯娌）	长幼	妯娌、叔伯母
夭（湿泥、面粉团等因含水多而稀烂难定型）	烂	□[eia]

3.和兴宁话不同,但见于多数赣方言点(表2-42)

表2-42　和兴宁话不同,但见于多数赣方言点示例表

客家方言区特征词	兴宁话	汝城话、赣语
摊(用长棍子搅动)	□[koŋ]	搅
擎(打伞)	扨	打
荷(挑)	□[uei]	担
秆扫(扫帚)	扫秆	扫把
姆(母亲,多用作引称)	老娘	娘
两姨丈(两连襟)	两姨父	连襟
屋下(家里)	屋头	屋里

4.不同于兴宁话及多数赣方言点(表2-43)

表2-43　不同于兴宁话及多数赣方言点示例表

客家方言区特征词	汝城话	兴宁话	赣语
孵(蹲)	勾	足古	足古、蹲
斫猪肉(买猪肉)	斩肉	斫肉	斫肉
啜(嘴)	嘴	嘴巴	嘴巴
肚蛇(因缺油水而觉得极饿)	肚饥	腹荒	搂
蟑螂(黄蚬)	□[kʰuɛ]蚬	蚬婆	蚬伋
屎乌蝇(绿头苍蝇)	屎蠓子	屎蝇	屎蝇
转屋下(回家)	思归	去屋头	回屋里
浼(体垢)	□[tɕʰieli]	浼垢	垢、灰

汝城话借贷的赣方言一级特征词如下。

礳石:柱下石。

舞:多功能动词,如舞菜。

吃冤枉:贪污。

煴：焐暖。

嗅：闻。

置：购置。

匐（到）：趴着。

咬：药水等液体刺激皮肤。

较（秤）：试（秤）。

楔：把桌脚垫稳。

燶：食物脆。

洇：墨水扩散。

正：（办）好、（办）妥当。

三地方言词汇接触的类型是很丰富的，既有自身特征词在周边方言影响下的变异，又有对对方方言特征词的移植，还出现了融合各自方言特征语素的"合璧词"。分开来看，兴宁话中与赣语一级特征词一致的数量超过半数，词汇的赣语色彩仍较为明显，同时在西南官话、客家话和湘语的多重影响下，又不同程度地存在具有这些方言特色的词语。其中，西南官话和客家话的词汇对兴宁话的渗透尤为突出。桂东话、汝城话中与客家话方言区特征词一致的数量均不到四成，这是远离方言区域中心的必然结果，赣语特别是兴宁话施加于其上的影响是很大的。

第三章 双方言区内的方言接触

国内外语言学界关于"双方言"的概念内涵,至今还没有取得一致性的看法。

双方言现象(diglossia)作为社会语言学的一个重要概念,是美国语言学家查尔斯·弗格森(Charles Ferguson)首次提出来的,他把两种不同风格、不同功能的语体在不同交际场合变换使用的现象视为双方言现象。苏联学者什维策尔(ADBeeP)则说"双方言现象是同一语言的两种变体(标准语和地域方言,或两种不同的方言,等等)在同一言语集团范围内的并存现象"。

我国学者对双方言的理解比较接近什维策尔的观点,陈恩泉认为我国"方言区有许多人除了说母语之外还会说其他方言或普通话(汉民族共同语)"。此外,还有一种说法,指的是一个地区之内,存在两种不同的方言,但居民只能使用其中的一种。

可见,对"双方言"的定义众说纷纭,莫衷一是。本书所说的双方言参照陈恩泉先生的意见,仅指同一个语言集团内部存在着既说母语又说第二方言的现象。

湘南土话分布的湖南省郴州、永州两市广泛存在这种类型的双方言地区。《中国语言地图集》(1987)就指出:"西南官话湘南片十六个市县对外讲西南官话,对内讲土话。各市县的土话不一致，彼此不易通话。"其中，郴州的临武县和嘉禾县最为典型，这两个县包括县城在内，全县都是既说土话，又通行官话。

土话是当地居民的母语，有其厚重的社会基础和文化基础，人民群众对土话有深厚的家乡情结，在群众的日常生活中，在地方的戏曲、曲艺这些艺术形式中，在公共服务行业接待本地客人的场合，土话都得以广泛运用，并保持着活跃的生命力。

方言的形成是社会封闭、地域隔绝的结果。随着社会的发展，出于各种各样的原因，自唐代起，临武、嘉禾境内先后有本省的耒阳、常宁及大批江西移民迁入，同是江西人，有原住民，也有源自北方的。这些不同朝代、不同来源的人来到临武、嘉禾之后，祖音不改，方言各有差异，造成土话多有分歧、斑驳复杂的局面。土话的难懂性给百姓之间的正常交际带来了很大的麻烦。官话本来是官府施政的工具和读书人的用语，在这种情况下则广泛传播开来，逐渐得到普及。

临武、嘉禾双方言区的最大特点就是两种方言并存使用，出自一人之口，对土话与官话的选择是方言使用者为适应不同情境而自觉进行的语码转换，频繁的转换过程中两种方言互相吸收融合对方的成分。而与地缘接触引起的方言接触不同，官话对土话的渗透远不及土话之于官话的严重影响，官话不仅没能体现出它的强势，反而蕴含了很多土话的元素，土话的映射使官话呈现出杂糅混合的特点，和郴州地区西南官话的代表郴州话有较大的差异，这正是土话作为母语的特殊地位导致的。

官话的古全浊塞音声母和入声的演变这两个重要的历时性音韵特征仍体现出西南官话的特点，而其他共时性特征官话和土话有较大的相似性，此外官话也沿用了很多土话表示日常生活中最常用、最必要的概念和关系的基本词汇。当然，趋同官话终究是大势，土话吸收了官话一些表示新事物、新概念、新现象的新词术语，也借用了官话不少书面用字的读音，官话对土话的影响随着时间的推移将长期持续。

第一节　临武城关镇的方言接触

一、土话对官话的影响

（一）语音接触情况

1.*声母*

（1）部分古全浊塞音声母仄声字读送气清音。古全浊塞音声母的演变，官话的典型特征是"清化，平声送气，仄声不送气"。临武的官话平声念送气清音这一点是相同的，但据《方言调查字表》统计，有超过 20%的仄声字读送气清音，出现这种不合乎规律的读法的原因可以从和土话的对比中找到答案。土话有更多的清送气字，接近四成，官话的送气音字在土话中一律读送气音，没有例外，这充分体现了土话对官话的影响。下面分别按照摄、声、调分类，开列出部分官话、土话中同读送气清音的仄声字，如表 3-1 所示。

表 3-1　按摄、声、调分类读送气清音的仄声字表

摄	声	调
遇摄：聚	定母：导	上声：造聚技

续表

摄	声	调
蟹摄：寨滞	従母：自造凿集疾寂捷族聚籍截	去声：忌滞寨自
止摄：忌技自治稚柜	邪母：饲	稚导饲治
效摄：导造轿	澄母：滞稚治浊择泽郑阵蛰	共郑阵柜
流摄：骤	崇母：寨骤	骤轿
咸摄：捷	群母：忌共柜局轿及极	入声：浊凿集疾
深摄：集及蛰		寂捷择泽
山摄：截		局族籍截
臻摄：阵疾		及极蛰
宕摄：凿		
江摄：浊		
曾摄：极		
梗摄：择泽郑寂籍		
通摄：族共局		

（2）部分臻开合三、宕开三的船、禅母平声字念擦音声母。这一类字再加上山合三的"船"字土话都念擦音声母，官话分读擦音声母和送气塞擦音声母，可以确定，送气音是共同语的读法，擦音声母的读法系从土话中移植而来的。更有说服力的是，"裳"属浊声母平声字，本应念阳平，土话今读上声，跟古今声调对应规律不相符，这个字特殊的今读调类同样被官话借用，如表3-2所示。

表3-2 部分臻开合三、宕开三的船、禅母平声字念擦音声母表

项目	土话	官话
船（山合三）	cy	tsʰuaŋ
辰晨（臻开三）	seŋ	ɕin
唇（臻合三）	seŋ	tsʰuen

续表

项目	土话	官话
纯醇（臻合三）	sueŋ	sueŋ
常尝偿（宕开三）	saŋ	saŋ
裳（宕开三）	saŋ	saŋ

（3）见系声母拼细音仍读舌根音。见系声母和细音相拼时，无论土话还是官话，都没有发生颚化现象，而是仍保持舌根的发音部位。也就是说，[k kʰ x]声母不仅可以拼开口呼、合口呼，还能够与齐齿呼、撮口呼相拼，表现出相当强的拼合能力。显然，官话的这种情况是受土话影响的结果。以下列出土话、官话的舌根声母和各自音系中所有齐齿呼、撮口呼的拼合例字。

土话

[i]ki 鸡 kʰi 起 xi 戏　　　　　　[ie]kie 吉 kʰie 级 xie 歇

[ia]kia 涩 kʰia 吃 xia 挟　　　　[io]kio 脚 kʰio 却 xio 靴

[iai]kiai 口"起开 kʰiɨ1xaiɨ1"的合音　[iou]kiou 叫 kʰiou 求 xiou 晓

[ĩ]kĩ 件 kʰĩ 钳 xĩ 现　　　　　　[iaŋ]kiaŋ 姜 kʰiaŋ 腔 xiaŋ 响

[ioŋ]kioŋ 弓 kʰioŋ 穷 xioŋ 凶　　[y]ky 举 kʰy 区 xy 许

[ye]kye 决 kʰye 缺 xye 血　　　　[ỹ]kỹ 捐 kʰỹ 圈 xỹ 县

官话

[i]ki 鸡 kʰi 起 xi 戏　　　　　　[ie]kie 吉 kʰie 级 xie 歇

[ia]kia 假 kʰia 掐 xia 下　　　　[io]kio 脚 kʰio 却 xio 学

[iou]kiou 救 kʰiou 求 xiou 休　　[iŋ]kiŋ 紧 kʰiŋ 轻 xiŋ 形

[iaŋ]kiaŋ 姜 kʰiaŋ 腔 xiaŋ 响　　[ioŋ]kʰioŋ 穷 xioŋ 凶

[y]ky 举 kʰy 区 xy 许   [ye]kye 决| kʰye 屈| xye 靴
[yeŋ]kyeŋ 军 kʰyeŋ 群 xyeŋ 训   [yaŋ]kyaŋ 捐 |kʰyaŋ 圈| xyaŋ 县

（4）古晓、匣母合口字读[x]声母。土话晓、匣母合口除极个别字有零声母的读法外，都不与非组字混读，仍读[x]声母，这个特点同样体现在官话中，把它与郴州话对比，可以看到两种官话存在很大的不同。郴州话新派晓、匣母合口字有[f]、[x]两读，分化是有条件的，逢遇合一等韵，和非组字混为[f]声母，逢其他韵读[x]声母，老派则一律读[f]声母，如表3-3所示。

表3-3 古晓、匣母合口字读[x]声母表

例字	临武土话	临武官话	郴州话（老派）	郴州话（新派）
胡壶（遇合一）	x	x	f	f
花划（假摄）	x	x	f	x
会画（蟹摄）	x	x	f	x
欢活（山摄）	x	x	f	x
婚魂（臻摄）	x	x	f	x
荒晃（宕摄）	x	x	f	x

2.韵母

（1）部分止开三的明母字、知系字和蟹开三的章组字读[i]韵。官话止开三的明母字分读[ei]、[i]两韵，[ei]韵的有"霉美寐"，[i]韵的有"眉楣媚"，[i]韵的读法显然是被土话同化的结果。知系字多读[ɿ]韵，不过也有少数字照搬了土话的[i]韵，如支枝肢之芝知蜘智。蟹开三的章组字只有一个"世"字读[i]韵，其余都读[ɿ]韵，这也是受了土话的影响。

（2）个别止摄合口字读[y]韵，个别臻合三（谆）见系字读

[ueŋ]韵。以下是土话中全部止摄合口读[y]韵的字：

[ly]累泪　　　　　　　[tɕy]锥嘴醉　[tɕʰy]吹槌锤翠
[ɕy]绥虽随水遂隧瑞税岁　[ky]龟轨鬼贵桂[kʰy]跪柜

这一类字官话多读[uei]韵，"绥虽"两个字则借用了土话的读音。

土话臻合三（谆）见系字一律读[ueŋ]韵，官话多读[yeŋ]韵，只有"匀"一个字同土话的读音。

（3）部分臻开三、曾开三、梗开三等舒声韵字读[eŋ]韵。土话臻开三、曾开三、梗开三等字多读[eŋ]韵。官话多读[iŋ]韵，但受土话影响，也出现了部分[eŋ]韵字。

官话读[iŋ]韵的字。

a.臻开三等。

帮组：宾槟彬殡鬓贫频闽民悯敏。

端系：鳞邻磷吝津尽进亲辛新薪信讯。

知系：珍镇趁阵衬真诊疹振震神身申伸辰晨肾人仁忍刃认韧。

见系：巾紧仅银因姻印寅引斤筋谨劲芹勤近欣殷隐。

b.曾开三等。

帮组：冰凭。

端系：陵凌菱。

知系：征澄惩橙蒸拯证症乘塍剩升胜仍。

见系：兴鹰孕。

c.梗开三等。

帮组：兵平评坪病鸣明盟皿命饼并聘名。

端系：岭领令。

知系：精晶睛井清请静靖净姓性贞侦郑正整政声圣盛。

见系：颈轻婴缨盈赢。

官话读[eŋ]韵的字。

臻开三等：秦陈尘臻。

曾开三字：称。

梗开三等：丙柄秉情晴逞呈程成诚城。

（4）较多帮、端、见系深开三、臻开三、曾开三、梗开三四等的入声韵字读[ie]韵。这类字官话多读[ie]韵，只有少部分字按一般规律读[i]韵，像这种特殊的读法无疑是受到了土话的同化，因为在土话中，这些字的韵母正是[ie]，下面列出这四摄土话、官话同读[ie]韵的入声字，如表 3-4 所示。

表 3-4　帮、端、见系读[ie]韵示例表

类别	深开三	臻开三	曾开三	梗开三、四
帮系		笔毕必匹	逼	碧僻壁
端系	立笠粒集	栗七漆疾膝	力即鲫熄息媳	积迹脊籍的惜嫡踢剔敌狄历绩戚寂
见系	急级及揖	吉一乙	极	戟逆益激

少部分的[i]韵字如：忆亿翼易。

3.声调

（1）官话的各种调值包含在土话声调的调值之内。

首先列举土话和官话的调类、调值及相应的例字，如表 3-5 所示。

表 3-5　土话和官话的调类、调值及相应的例字表

官话			土话		
调类	调值	例字	调类	调值	例字
阴平	33	多哥	阴平	33	多哥
阳平	11	喝茶	阳平	13	茶盘
上声	53	打伞	上声	55	打伞
去声	35	聚会	去声	11	聚会
			入声	53	吃喝

和土话相比，官话少了一个入声调类，但它的阴平、阳平、上声的调值都包含在土话的调值之内。去声的调值（35）虽然在土话的本调中没有出现，但可以在变调中找到。例如（连读调值变为轻声的字在音标后用"1"表示，下同）：

阴平+上声
巴掌 po35tsaŋ1　　　心口 seŋ35kʰai1　　　沙眼 so35ŋã1
阴平+去声
山路 sã35lə1　　　冰构 peŋ35kai11　　　天地 tʰi35ti1
阴平+入声
书桌 ɕy35tso1　　　坚决 ki35kye1　　　中国 tsoŋ35kue1
阳平+去声
咸菜 xã35tsʰa11　　　名字 meŋtsʰə11　　　和尚 u35saŋ11

以上四类连读音变，前一个字都由本调变读高升调，调值正好就是 35。

（2）少数入声字不归阳平。官话古入声的演变规律是归阳平，但有少数字同土话一样，归入其他调类，如表 3-6 所示：

表 3-6 少数入声字不归阳平示例表

例字	摄	开合	等	声	韵	古调类	今调类
萨	山	开	一	心	曷	入	阴平
雹	江	开	二	并	觉	入	阴平
掐	咸	开	二	溪	洽	入	上声
拔	山	开	二	并	黠	入	上声
郁	通	合	三	影	屋	入	上声
轴	通	合	三	澄	屋	入	去声

以上各条官话均受到土话的影响，有很多实际上属于对土话语音规律的借用，正因为语音规律强大的管控能力，土话中一些不说的主要是书面字音，官话仍遵从语音规律的类推，读成符合语音规律的读音。

第一，古全浊塞音声母仄声字读送气清音。"藉"是从母入声字，土话不用，官话仍按语音规律读送气清音。

第二，帮端见系臻开三、曾开三、梗开三四等的入声韵字读[ie]韵。"觅逸泣抑击弼辟劈蜜密溺夕锡析悉习袭昔亦译"等字土话不用，官话仍读[ie]韵。

第三，疑母字读[n]声母。"蚁"字土话不用，"蚂蚁"一词另有"火儿仔"的说法，官话仍读[n]声母。

第四，止开三的明母字、知系字和蟹开三的章组字读[i]韵。"媚"字土话不用，官话仍读[i]韵。

第五，臻开三、曾开三、梗开三等舒声韵字读[eŋ]韵。"丞承"两字土话不用，官话仍读[eŋ]韵。

（二）词汇接触情况

官话的词汇系统建构在土话的词汇系统之上，官话的镜像特征在词汇的反映上相比语音更显突出。下面考察官话对土话词汇成分的借贷情况，归纳词汇接触的表现类型。

1.词语的借用

官话极大程度地吸收了土话的词语，不但涉及的义类层面广，而且词条数量多。以下列举官话借自土话的词语（表 3-7~表 3-21）。

表 3-7 天文

词语	注释	词语	注释
日头脚下	太阳地儿	月光脚下	月亮地儿
梳子月	月牙儿	米仔雪	雪珠儿

表 3-8 地理

词语	注释	词语	注释
块石	石块	石头牯仔	石子儿
巷头	胡同		

表 3-9 时令、时间

词语	注释	词语	注释
年头	年初	月头	月初
七月七香	七夕节	月半	元宵节

表 3-10 农业

词语	注释	词语	注释
茅厕凼	粪坑	刮狗屎	拾粪
担担子	挑挑子		

表 3-11　植物

词语	注释	词语	注释
茄	茄子	苦菜	苦瓜

表 3-12　动物

词语	注释	词语	注释
马仔	未断奶的小马	牛仔	未断奶的小牛
猪仔	未断奶的小猪	猪头	种猪
菢鸡	孵小鸡	豺狗	狼
臭屁鸡	椿象，俗称"臭大姐"	量布虫	磕头虫

表 3-13　器具、用品

词语	注释	词语	注释
起柜	大衣柜	行箱	挑箱
帐	帐子	被	被子
席	席子	头枕	枕头
火筒	灯罩	稿铺	草垫子
脚碟	碟子	担杆	扁担

表 3-14　称谓

词语	注释	词语	注释
毛仔	婴儿	宝宝仔	婴儿（昵称）
绝后发	遗腹子	勇	兵
先生	老师	只拐	独眼人

表 3-15　亲属

词语	注释	词语	注释
公	祖父	家爷	丈夫的父亲

第三章 双方言区内的方言接触

表3-16 身体

词语	注释	词语	注释
颈颗	脖子	太阴太阳	太阳穴
气门角	鬓角	眼睛珠	眼珠
鼻头	鼻子	鼻头水	鼻涕
鼻头眼	鼻孔	鼻头毛	鼻毛
鼻头尖	鼻尖	牙齿屎	牙垢
耳朵珠	耳垂	喉亚子	喉结
担杆骨	锁骨	螺丝骨	踝骨
奶	乳房	肚	肚子

表3-17 疾病、医疗

词语	注释	词语	注释
有寒气	有小病	口[xeŋ11]脓	溃脓
水药	汤药	引	药引子
药盂	药罐子	噌筒	拔火罐儿

表3-18 饮食

词语	注释
豆腐脑髓	豆腐脑

表3-19 红白大事

词语	注释	词语	注释
大肚	怀孕	上头娘	伴娘
木头	棺材		
让菜	敬菜	口[sai33]酒	斟酒

表3-20 商业

词语	注释	词语	注释
赶闹子	赶集	伙铺	旅馆
约约	（用秤）称称		

表 3-21　行为、动作

词语	注释	词语	注释
背大树	摆谱	打口[phoŋ53]	接吻
足绗到	蹲	起起来	爬起来
打细耳朵	说悄悄话	多事	挑衅
肚饥	饿	梦梦	做梦
伤枕	落枕	坐夜	熬夜
反剪	反绑	逃监	越狱

2.构词理据的借贷

官话中的部分词语借用了土话词的构词理据。

（1）井绳：打水索（土话）；打水绳子（官话）。土话用"打水索"表示"井绳"，构词理据着眼于它的工具性功能，官话仿照土话"打水 X"的格式说"打水绳子"，"绳子"系仿照与土话"索"相对应的语素。

（2）掏耳朵：望耳（土话）；看耳（官话）。土话用"望耳"表示"掏耳朵"，构词理据着眼于这一行为的先行动作，官话仿照土话"X 耳"的格式说"看耳"，"看"系仿照与土话"望"相对应的语素。

（3）绿豆蝇：青头蠓（土话）；青头蝇（官话）。土话用"青头蠓"表示"绿豆蝇"，构词理据着眼于这种昆虫头部的颜色，官话仿照"青头 X"的格式说"青头蝇"，"蝇"系仿照与土话"蠓"相对应的语素。

（4）吵架：争跤（土话）；争架（官话）。土话用"争跤"表示"吵架"，"跤"指"殴打或争吵的事"，官话仿照"争 X"的格式说"争架"，"架"系仿照与土话"跤"相对应的语素。

（5）认生：识人（土话）；认人（官话）。土话用"识人"表示"认生"，官话仿照土话"X人"的格式说"认人"，"认"系仿照与土话"识"相对应的语素。

3.同义词的并存

官话从土话借用的词语和自身词汇系统中意义相同的词语构成同义词并存的状态。两类词语出现的时间有先后之分，开始只使用从土话中借用的词语，后来受共同语推广的影响，又使用后起的新词语。在两者的较量中，新词战胜了借词，从现在它们的使用频率来看，在与外地人讲官话时夹带借词大多是口误造成的，毕竟出自一人之口的两种方言词语，并不能完全区分开。虽然借词仍保留在官话的词汇系统中，但已经在逐渐消亡。以下列举部分并存的同义词，如表3-22所示。

表3-22 同义词的并存示例表

土话词	官话词	土话词	官话词
大肚	怀孕	暖	热
先生	老师	勇	兵

显而易见，土话词多是对古义的保留和旧时用词的继承，而官话词与共同语用词一致。

二、官话对土话的影响

（一）语音接触的情况

1.少数臻开三、深开三、梗开三等舒声韵字读[iŋ]韵

土话臻开三、梗开三等字多读[en]韵，受官话多读[iŋ]韵的影响，也出现了少数[iŋ]韵字，例如：

臻开三等：人仁忍认引寅隐。

深开三等：淫任壬。

梗开三等：盈赢。

2.部分遇摄字照搬官话调值

部分遇摄平声字归去声调类，上声字归入声调类，去声字不念原调11，改念35，而这一调值只会在连读音变过程中出现，如表3-23所示：

表3-23 部分遇摄字照搬官话调值示例表

例字	声	调	应读调类、调值		今读调类、调值	
壶	来	平	阳平	13	去声	11
驴	来	平	阳平	13	去声	11
儒	日	平	阳平	13	去声	11
娱	疑	平	阳平	13	去声	11
虞	疑	平	阳平	13	去声	11
榆	以	平	阳平	13	去声	11
逾	以	平	阳平	13	去声	11
愉	以	平	阳平	13	去声	11
褚	彻	上	上声	55	入声	53
杵	昌	上	上声	55	入声	53
暑	书	上	上声	55	入声	53
鼠	书	上	上声	55	入声	53
黍	书	上	上声	55	入声	53
汝	书	上	上声	55	入声	53
主	章	上	上声	55	入声	53
乳	日	上	上声	55	入声	53
宇	云	上	上声	55	入声	53
禹	云	上	上声	55	入声	53

续表

例字	声	调	应读调类、调值		今读调类、调值	
羽	云	上	上声	55	入声	53
愈	以	上	上声	55	入声	53
著	知	去	去声	11	变调	35
庶	书	去	去声	11	变调	35
恕	书	去	去声	11	变调	35
署	禅	去	去声	11	变调	35
寓	疑	去	去声	11	变调	35

如果不细加辨别，很容易得出土话的遇合三等字调类归读混乱、无章可循的结论。对比土话与官话的调值，可以发现，以上属古平、上、去三调类字的今读调值11、53、35分别对应的正好是官话的阳平、上声和去声。也就是说，土话中的这类字仍符合古今调类演变规律，只不过它们没有读自身方言的调值，而改念成官话的相应调值。

表 3-24 中例字的显著共性就是它们多为不常用的书面用字，绝大部分摄中都有这类字的存在，并且同时牵动声母和韵母的变化，读音与官话完全相同。

表 3-24 土话中读音和官话相同的例字

例字	摄	应读调类、调值		今读官话调类、调值		应读音	同官话音
峨	果	阳平	13	阳平	11	u13	o 11
佘	假	阳平	13	阳平	11	so13	ɕie 11
涯	蟹	阳平	13	阳平	11	ŋa13	ŋa 11
臂	止	去声	11	去声	35	pi11	pei 35
巧	效	上声	55	上声	53	kʰiou55	kʰiau 53
昼	流	去声	11	去声	35	tɕiou11	tɕiou 35

续表

例字	摄	应读调类、调值		今读官话调类、调值		应读音	同官话音
恰	咸	入声	53	阳平	11	kʰa 53	kʰia 11
壬	深	阳平	13	阳平	11	eŋ 13	iŋ 11
设	山	入声	53	阳平	11	ɕie 53	ɕie 11
达	宕	阴平	33	阳平	11	ta 33	ta 11
盾	臻	去声	11	去声	35	tueŋ11	tueŋ 35
谅	宕	去声	11	去声	35	liaŋ 11	liaŋ 35
盲	梗	阳平	13	阳平	11	maŋ 13	maŋ 11
控	通	去声	11	去声	35	kʰoŋ 11	kʰoŋ 35

需要指出的是，土话古入声的分化规律是"阴入归入声，阳入归阴平"，如上面"恰达"两字，它们读官话阳平调（11）正是照搬官话"入声归阳平"规律的结果。

以下再举出一些例字。

果摄：俄。

假摄：亚耍剐跨垮蛙。

蟹摄：怠殆丐楷债懈崖捱丽傀儡桅。

止摄：譬儿歧鄙尼祁鳍夷姨肄吏磁慈似祀而纪巳饴祈毅诡愧痱慰畏。

效摄：劳捞牢唠曹槽熬浩爪找樵瞧窍。

流摄：囚泅宙柔揉尤邮由犹柚。

咸摄：砍馋谗恰贬摄涉脸焰艳鲇。

深摄：淫任。

山摄：辑缉习袭吸掸罕拣杰达孽卵喘。

臻摄：术。

宕摄：作昨航杭行壤攘嚷亮掠旷霍藿皇蝗簧房防肪芒纺仿仿。

梗摄：虻。

通摄：仆崇空～缺。

3.文白异读

临武城关的居民，一人之口可说两种方言，但由于土话作为母语的根深蒂固的地位，官话读音对土话读音的渗透与冲击力度不及其他方言区那样大，临武土话缺乏成系统的有文白异读的字，这也是双方言区内文白异读现象的共同特点，以下按照声韵调的区别列举出部分有文、白读音的字，如表3-25所示：

表3-25 有文、白读音的字示例表

例字	文读音	白读音	例字	文读音	白读音
同声异韵同调					
撇	$p^hie\ 53$	$p^hia\ 53$	提	$ti\ 13$	$tio\ 13$
欺	$k^hi\ 33$	$k^hia\ 33$	吃	$k^hie\ 53$	$k^ha\ 53$
龟	$kuei\ 33$	$ky\ 33$	挟	$xie\ 53$	$xia\ 53$
异声同韵同调					
蜂	$foŋ\ 33$	$p^hoŋ\ 33$			
同声异韵异调					
踢	$t^hie\ 53$	$t^hio\ 11$	坑	$k^heŋ\ 33$	$k^haŋ\ 11$
异声异韵同调					
浮	$fai\ 13$	$pau\ 13$	浪	$laŋ\ 11$	$nã\ 11$

（二）词汇接触的情况

官话影响土话的主要结果：一是向土话施借了土话词汇系统

中原本没有的表示新事物、新概念和新现象的新词术语，涉及经济、政治、文化、教育、科技等多个方面，这里不一一赘述；二是向土话施借土话词汇系统中原本就有的表义与官话相同但形式不同的词语，从而造成了同义词的并存，在目前并存的状态中，官话词的使用频率仍要高于土话词，下面列举出部分词语，如表3-26所示：

表3-26　官话词与土话词示例表

官话词	土话词
婆家	多婆娅屋
结冰	冰构
胸脯	奶婆骨

总而言之，无论是土话影响官话还是官话影响土话所造成的同义词的并存局面，官话词都处在替换土话词的进行过程中。

第二节　嘉禾广发镇的方言接触

一、土话对官话的影响

（一）语音接触的情况

1. 声母

（1）端母字保留了土话读为[l]声母的底层读音。土话绝大部分端母字与来母字合流读[l]，如都[lu24]、赌[lu35]、端[lən24]、带[lo55]、旦[lom35]、堆[lei24]、胆[lom35]、对[lei55]、钓[liəu51]、钉[lai55]。

这一现象也较多存在于其他汉语方言中。福建浦城吴语中的所有端母都读作[l]，广西贺州境内分布的粤语、客家话、与湘南土话接近的"都话"等都呈现出同样的特点，属于湘方言永全片道江小片的江永各地方言也是一样，如在江永城关，有低[li44]、灯[lai44]、多[ləɯ44]；在江永桃川，有戴[lia24]、刀[laɯ33]。

潘悟云探讨了这种音变的内在机制，他认为，各类语音的发音强度按照以下顺序递降：

清塞音→浊塞音→清塞擦音→浊塞擦音→清擦音→浊擦音→鼻音→流音→半元音→元音。

发音强度越强，越用力；越弱，越省力。从发音器官着眼，越省力越好。[t]→[l]是塞音向流音演变，发音强度有了较大程度的弱化，符合发音人的省力要求。

端母字在广发官话中一般读[t]声母。不过仍有极少数字还有[l]声母的读音，如"稻"字。这正是土话音韵特点的体现。但是，[l]声母读音的出现范围是受到极为严格的词语条件限制的，只运用在个别常用词语中。"稻"字单说以及出现在"水稻""稻谷""晚稻"等词中读音为[tau55]，仅在"稻秆"一词中读[ləu35]，声调与韵母也一并借贷了土话的读音。

（2）部分遇合一、三等（虞）的微、疑、晓、匣、影母字略带唇齿摩擦色彩。土话遇合一、三等（虞）的微、疑、晓、匣、影母字有[u]和[vu]两种读音，如[u]吴伍误；[vu]乌污巫诬胡糊雾武舞务。

受此影响，土话中读[vu]的字在官话中的读音有时也带有轻微的唇齿摩擦色彩，但很不稳定，属于自由变读，与读[u]的字并不构成对立，这是与土话的最大区别。

（3）影、疑母的开口一二等字今读零声母。土话影、疑母的开口一二字等今读有三种类型：①少部分字读零声母，如岸[om51]|眼[ie33]|爱[o55]；②逢洪音读[k]声母，如藕[kau33]|鹅[ko11]|碍[kai51]；③逢细音读[tɕ]声母，如牙[tɕia11]|芽[tɕia11]|岩[tɕia24]。

没有读为舌根鼻音声母[ŋ]的，这也直接造成官话的音系中也缺乏这个声母，官话影、疑母的开口一二等字今读一律为零声母，如岸[an24]|爱[ai24]|藕[əu55]|鹅[o22]|牙[ia22]|咬[au55]。

第二章曾经提到，从已有的方言材料来看，郴州地区音系中没有[ŋ]声母的方言并不多，只有永兴包括城关在内的便江以东的方言、安仁的龙海镇以及嘉禾的广发、田心、城关等少数乡镇的方言。

嘉禾的田心、城关等乡镇的官话和广发官话一样也没有出现[ŋ]声母，但无一例外，这些地方的土话同样缺乏[ŋ]声母，可以推断，正是土话的渗透与影响，才导致了这一现象的存在。

2. 韵母

（1）假、蟹、效、咸、山、江摄开口二等见、晓组字多读细音。广发乡的居民大多姓李，他们的族谱记载，其祖先本是陕西人，后徙居江西省吉水县谷村。1931 年刊出的《嘉禾县图志》卷十一记载："李祖千户五代周时由江西吉水来迁。"又据《嘉禾县图志》卷二十："李千户，字守贞……李家系派远祖也。"广发土著居民因其先祖发祥地可上溯到陕西旧籍，其土话系统在演变发展中仍保持了北方方言的语音残留痕迹：假、蟹、效、咸、山、江摄开口二等见、晓组字多读细音。

西南官话这类字一般读洪音，但广发官话受土话影响，这类字同样多读为细音，这个特点在郴州各地官话中是较为罕见的，例子如下。

假摄：家[tɕia33]、架[tɕia24]、虾[ɕia33]、吓[ɕia24]。

蟹摄：街[tɕie33]、解[tɕie55]、鞋[ɕie22] 蟹[ɕien24]。

咸摄：减[tɕien55]、咸[ɕien22]、陷[ɕie24]、衔[ɕien22]。

山摄：艰[tɕien33]、限[tɕie24]、简[tɕien55]、眼[ien55]。

江摄：江[tɕian33]、讲[tɕian55]、项[ɕian24]。

值得注意的是，土话效摄开口二等见、晓组字分读[au]、[iau]两韵，如[au]敲、[iau]咬教窖。
而官话一律类推读为细音[iau]韵。

（2）止摄开口的知、照组字分读[ʅ]、[i]两韵。官话止摄开口知、照组字分读[ʅ]、[i]两韵，如[tsʅ]只至置、[tsʰʅ]、治池[sʅ]师狮施试、[tɕi]知支枝脂指纸止、[tɕʰi]齿、[ɕi]时世势。
[i]韵的读音与土话相同，正是受其影响的结果。

（3）个别止摄合口字读[i]、[y]韵。以下是土话中全部止摄合口读[i]、[y]韵的字：[tɕi]醉、[ɕi]虽岁、[tɕʰy]吹、槌锤[ɕy]随水。

这一类字官话多读[uei]韵，"岁吹水槌锤"五个字则借用了土话的韵母读音。

3.声调

官话的各种调值包含在土话声调的调值之内，表3-27是土话和官话各自的调类、调值及相应的例字。

表 3-27 土话和官话各自的调类、调值及相应例字表

土话			官话		
调类	调值	例字	调类	调值	例字
阴平	24	多哥	阴平	33	多哥
阳平	11	茶盘	阳平	22	吃茶
阴上	35	好饱	上声	55	打伞
阳上	33	老七	去声	24	聚会
阴去	55	正向			
阳去	51	大梦			
入声	22	不辣			

官话阴平、阳平、上声和去声四个调类的调值分别等同土话阳上、入声、阴去和阴平四个调类的调值。

（二）词汇接触情况

土话对官话词汇的影响主要体现在词语的施借上，官话从土话中借贷了不少词语，如表 3-28～表 3-37 所示：

表 3-28 天文

词语	注释	词语	注释
月亮公	月亮	天皮红	霞
莽雾	天开	晴	

表 3-29 时令、时间

词语	注释	词语	注释
断黑	黄昏	白日	白天

表 3-30 植物

词语	注释	词语	注释
马脐崽	荸荠	瓜瓜	菜瓜

第三章 双方言区内的方言接触

表 3-31 动物

词语	注释	词语	注释
飞鼠	蝙蝠	沙螺崽	螺蛳

表 3-32 器具、用品

词语	注释	词语	注释
饭调	饭勺	箸槽	筷子盒

表 3-33 房舍

词语	注释	词语	注释
围子	院子	鼓崽石	柱下石
火头屋	厨房	猪楼	猪圈

表 3-34 称谓

词语	注释	词语	注释
农夫哥	农民	做技咯	手艺人

表 3-35 疾病、医疗

词语	注释	词语	注释
头脑晕	头晕	炙药	煎药

表 3-36 饮食

词语	注释	词语	注释
开花水	开水	土烟婆	旱烟

表 3-37 其他

词语	注释	词语	注释
水袜	袜子	吹凉	乘凉
索崽	绳子	洗身	洗澡
灶神伯伯	灶王爷	岭坡头	山坡
腥齦	垃圾		

二、官话对土话的影响

（一）语音接触的情况

1.声母

（1）少数帮、端组之外的全浊塞音声母仄声字读不送气清音。土话帮组、端组之外的全浊声母不论平仄多读送气清音，举例如下。

邪母：袖[tɕʰiəu51]、谢[tɕʰia51]、席[tɕʰia51]、斜[tɕʰia11]。
从母：才[tsʰo11]、罪[tsʰei33]、自[tsʰη51]、樵[tɕʰiəu24]。
澄母：茶[tsʰa11]、迟[tɕʰi24]、槌[tɕʰy24]、赚[tɕʰye51]。
崇母：查[tsʰa]、锄[tsʰu11]、床[tsʰom11]、状[tsʰom51]。
群母：瘸[tɕʰya11]、渠[tɕʰy11]、跪[kʰuei33]、轿[tɕʰie51]。

但在官话的影响下，从母、澄母和崇母中有少数字例外，读不送气清音，如载[tsai51]、兆[tsəu33]、召[tsəu24]、炸[tsa51]。

（2）个别帮母字读塞音声母。帮母字土话绝大部分与明母合流，将双唇不送气清塞音声母[p]读成与之对应的双唇鼻音声母[m]，如波[mo24]、巴[ma24]、拜[mie55]、比[mi35]、边[mai24]。

有个别书面用字受官话影响仍读塞音声母，如谱 pʰu35|斑 pə33|奔 pən24。

2.韵母

（1）个别蟹开二等帮组字读[ai]韵。蟹摄开口二等的帮组字土话多读[ie]韵，如排[pie11]、埋[mie11]、摆[mie35]、败[pie51]、卖[mie51]。

有个别书面字受官话影响读[ai]韵，如派 pʰai|迈 mai|。

第三章 双方言区内的方言接触

（2）效摄与流摄（非组字除外）合流读[əu]、[iəu]或[au]、[iau]。效摄字多读[əu]、[iəu]，流摄字多读[au]，这应该是土话中两摄的底层音。受官话影响，部分效摄字读[au]、[iau]，流摄字读[əu]、[iəu]。举例如下。

效摄：刀[ləu24]、桃[təu11]、草[tsʰəu35]、飘[pʰiəu24]、脚[tɕiəu33]、闹[lau51]、超[tsʰau24]、貌[mau51]、考[kʰau35]、稿[kau35]。

流摄：狗[kau35]、藕[kau33]、走[tsau35]、头[tau11]、透[tʰəu55]、首[səu35]、丘[tɕʰiəu24]、柳[liəu33]、灸[tɕiəu35]。

3.文白异读

土话的文白异读现象尚处在文弱白强的阶段，表3-38按照声韵调的区别列举出部分有文、白读音的字：

表3-38 按照声韵调的区别列举出部分有文、白读音的字示例表

例字	文读音	白读音	例字	文读音	白读音
同声异韵同调					
害	xai51	xo51	罐	kuaŋ55	kom55
匠	tɕʰiom51	tɕʰia51			
异声同韵同调					
澄	tsʰən11	lən11	做	tsu55	tu55
气	tɕʰi55	ɕi55	苦	kʰu35	fu35
会	xuei51	uei51			
同声异韵异调					
笠	lie11	lə22	滚	kuən35	kuai55
麦	me22	ma51	脉	me22	ma51

续表

例字	文读音	白读音	例字	文读音	白读音
异声异韵同调					
宝	pəu35	mei35	拜	pai51	mie51
涩	sə33	tɕʰiə33	黄	xom11	m̩11
炸	tsa51	tsʰə51	姓	ɕin55	sai55
异声同韵异调					
碎	sei51	tsʰei55	臭	tsʰəu55	səu51
异声异韵异调					
松	som24	tɕʰin51	事	sɿ51	tɕie35
社	ɕie35	sa33	肠	tsʰom11	liom51

（二）词汇接触的情况

官话对土话词汇的影响除了向土话施借了表示新事物、新概念和新现象的新词术语，还体现在造成了土话中同义词的并存，如表3-39所示：

表3-39 官话词与土话词同义词示例表

官话词	土话词	官话词	土话词
学费	俸谷	义子	带起崽
楼上	楼头	中风	风脱
偏心	分心	顶嘴	对起你
发气	发性子	饿	肚子饥
倒茶	擞茶	吃	食

土话词要么所反映的旧有现象已经消失，如"俸谷"；要么与官话词存在构词理据上的差异，如"带起崽、对起你"；要么

属于古代汉语用法的遗留，如"食"。因此，对外交流时过多使用土话词容易影响交际的顺畅进行。日常的使用频率中，官话词逐渐增高，土话词逐渐降低，呈现出官话词替代土话词的趋势。

第四章　综合性的方言接触

一些湘南土话分布的地带,周边又存在着方言区属不同的乡镇,这使方言之间的接触情况相对上两章论及的类型较为复杂。从理论上分析,共有三种接触的可能:官话与土话的接触、官话与周边区属不同的方言的接触、周边方言与土话的接触。接触造成的可能影响包括土话对官话的影响、官话对土话的影响、官话对周边方言的影响、周边方言对官话的影响、土话对周边方言的影响、周边方言对土话的影响。

土话和官话分工明确,土话用于对内交往,一般不会同外界方言直接接触,官话分担了这一任务,成为与外沟通的中介和桥梁。从实际调查所得的材料来看,有土话影响官话的方面并波及周边方言的现象,很少有土话绕开官话单独影响周边方言的材料;官话是强势方言,周边方言对官话的渗透鲜有相关材料的证明,而留在土话中的足印更是踪迹难觅。可见土话与周边方言、周边方言对官话的影响并不显著。

本章主要讨论土话与官话的相互影响以及打上土话烙印的官话对周边区属不同的方言的影响。

第一节　宜章赤石乡、杨梅山煤矿矿本部的方言接触

赤石乡位于宜章县东北部，是西南官话与土话并存的"双方言区"。杨梅山煤矿紧邻赤石，境内居民多来自长沙、株洲、湘潭一带，为湘方言岛，其源方言属长益片的长株潭小片。

一、赤石土话对赤石官话的影响

（一）语音接触的情况

1.声母

（1）部分全浊塞音声母仄声字读送气清音。土话古全浊声母字今逢塞音、塞擦音，不论平仄，并、定母念不送气清音，其余声母念送气清音。官话在土话的影响下，也有少部分全浊仄声母字念送气清音，如牸巳[tsʰ]）、凿[tsʰo]、择[tsʰa]、贱[tɕʰie]、束[tsʰu]、概[kʰai]。

（2）个别知庄组字今读[t]声母。土话的底层可能是客话，有些音韵特点带有明显的客家方言色彩，像古知庄组字就有[t]声母的读法，而这样一个别具特色的读法也渗透到了官话中，如竹[tiəu]、篙胀[tiaŋ]谷。

2.韵母

（1）少数蟹摄开口一二等、合口二等的口语常用字韵尾脱落，读[a]、[ua]韵。蟹摄开口一二等、合口二等字官话大多保留

了韵尾，读[ai]、[uai]韵，但有部分口语常用字同土话一样读[a]、[ua]韵，如脚笼带[ta]、稗[pa]子、筷[kʰua]子篓。

（2）少数蟹开四的口语常用字今读[ai]韵。蟹开四等字官话的照常读法是[i]韵，但少数口语常用字采用土话[ai]韵的读法，如底[tai]下、老弟[tai]、剃[tʰai]脑。

（3）少数梗开三、四等字鼻音韵尾脱落，由阳声韵变为阴声韵。梗开三、四等字官话多读[in]韵，少数口语常用字与土话同读[ɛi]韵，如名[mɛi]字、后颈[kɛi]窠、青[tsʰɛi]布。

（4）部分通摄字读[əu]韵。官话中通摄字分读[oŋ]、[əu]两韵，[əu]韵的读法显然借自土话，所管的字不多，主要是日常用字，如出[tsʰəu]、工牛笼[ləu]、一栋[təu]屋、鼻脓[ləu]、发风[fəu]、祖[tsəu]宗。

3.声调

官话的各种调值包含在土话声调的调值之内，表4-1是土话和官话各自的调类、调值及相应的例字。

表4-1 土话和官话各自的调类、调值及相应的例字表

土话			官话		
调类	调值	例字	调类	调值	例字
阴平	13	多哥	阴平	33	多哥
阳平	44	茶盘	阳平	21	吃茶
上声	53	好老	上声	53	打伞
去声	21	正大	去声	13	聚会
入声	33	不辣			

官话阴平、阳平、上声和去声四个调类的调值分别等同土话入声、去声、上声和阴平四个调类的调值。

（二）词汇接触情况

土话对官话词汇的影响主要体现在词语的施借上。官话从土话中吸取了有用的成分来丰富自己，这些借词都表示了某种特殊的意义，官话里没有相对应的词来表示，所以被吸收了进来，对官话来说都具有积极的作用。从借用的动机分析，可以分为以下几个种类。

（1）当要用官话来表述某些复杂或较为抽象的事物时，要么不能够准确界定其内涵，要么盲目地借用词组而导致用语不精练，徒增语言的累赘。也就是说这种情况之下如果在官话词汇中找不到恰当的同义形式，借用土话中现成的单词便成为一种切实可行的方法。例如，沟溪凼——把洗脸水、泔水、垃圾等倒在里面沤作肥料的水坑，发批——把房子租给别人。

（2）土话中有的词语具有鲜明的形象色彩，能够在形象上对指称对象定位，使语言表达更为生动。官话也借用了部分这类词语。例如，鱼鳞天——有鱼鳞形云朵的天空，肉墩——手茧；眼睛仁——瞳孔，穿眼岭——隧道。

（3）土话对于一些同类的事物或行为，往往还要进行细致的区分，分别给以名称，使指称更为具体准确。这正好反映出赤石的老百姓认识客观世界的特殊思维方式。思维方式没有随着后天习得的官话而改变，反而影响到了官话。例如，嫁死离——寡妇再嫁；嫁生离——离异后再嫁；耳锅——炒菜用的锅；鼎罐——做饭用的锅。

（4）官话还借用了土话中表示当地的特有事物或对事物的特有指称的词语。例如，缺子——一是一种简便的雨鞋，鞋帮用皮做成拖鞋的样子，鞋底前后钉上二寸左右高的木头，木头上有钉子；垌——田地，多用地名，如赤石垌；噙——（用罩子）罩住（鸡鸭）；姆姆——婶婶。

尤其是后两个词语，属于典型的客家方言特征词，官话也一并吸收。

二、赤石官话对赤石土话的影响

（一）语音接触的情况

（1）土话词所含单字的调值借贷官话对应调类的调值。土话中的有些词语所含的单字借贷官话对应调类的调值，这类词多为书面词和后起的新词术语。先看土话和官话的调类、调值及相应的例字，如表 4-2 所示。

表 4-2　土话和官话的调类、调值及相应的例字表

土话			官话		
调类	调值	例字	调类	调值	例字
阴平	13	多哥	阴平	33	多哥
阳平	44	茶盘	阳平	21	喝茶
上声	53	打伞	上声	53	打伞
去声	21	聚会	去声	13	聚会
入声	33	吃喝			

土话共五个声调，除上声调值与官话相同外，其余四个声调部分字的调值都有变化。具体的变化情况：阴平由 13 变读官话

的阴平 33，阳平由 44 变读官话的阳平 21，去声由 21 变读官话的去声 13，入声由 33 变读官话的阳平 21（官话古入声今读阳平）。表4-3 列出部分发生声调变读的词语中的单字（用加粗字体表示）。

表 4-3　部分发生声调变读的词语中的单字表

词语	今读音	词语	今读音	词语	今读音
篮球	lan21	**芬**芳	fən33	训**练**	lin35
运**动**	yn13	光**荣**	ioŋ21	接**洽**	tɕʰia21
盾牌	tən13	**聘**请	pʰin13	协**力**	ɕie21

还有整个词语声调都发生变读的情况，如表 4-4 所示。

表 4-4　整个词语声调都发生变读表

词语	今读音	词语	今读音	词语	今读音
内侄	nuei13tsɿ21	对质	tuei13tsɿ21	泛滥	fan13lan13
电灯	tin13tən33	评论	pʰin21lən13	冠军	kuan13tɕyn33
农民	noŋ21min21	恭敬	kon33tɕin13	革命	ka21min13
袭击	ɕie21tɕi33	人证	in21tsən13	通知	tʰoŋ33tsɿ13

在土话中还存在一种现象，值得提出来讨论一下。土话"拔河"应读 [pye33həɯ44]，今读 [pa21ho21]，"和平"应读 [ho44pin44]，今读 [ho21pin21]，声调都发生了变读，并母字"拔、平"仍读不送气清音，未受官话送气读音的影响。而有的字不仅声调变读，连声母也变得和官话一致。土话古全浊声母字今逢塞音、塞擦音，不论平仄，并、定母字一般念不送气清音，其余念送气清音。在官话的影响下，"琵凭苹庭腾瓢坛"等并、定母字调值变读 21，声母都念送气清音。

（2）部分韵摄分读两个或三个韵母，其中有一个为土话的底层读音，其余韵母与官话相同，所管的字主要是在土话中不常出现而多见于书面的字，很明显源自官话的渗透。

蟹开一、二等字分读[a][ai]两韵。

a：台胎戴灾猜才拜排买揩柴筛街矮。

ai：待泰奈赛彩隘载。

蟹开四等字分读[ai][i]两韵。

ai：低梯泥犁洗细剃。

i：闭黎迷脐。

效开三、四等字分读[i][au][iau]三韵。

i：鸟吊跳庙焦椒笑烧桥轿。

au：招沼韶绍。

iau：雕妙小骄乔侨。

流开一等字分读[ai][əu]两韵。

ai：偷头豆楼漏钩沟狗口藕猴后厚呕。

u：剖陋奏构叩兜。

深开三、臻开三、臻合一三、曾开三、梗开三四等字分读[ɛi][ne][in]三韵。

ɛi：针深今阴浸贫邻亲陈真神身信斤筋勤劲盆门村孙分坟笋唇蠢顺冰菱蒸升剩秤兵饼井清城轻瓶钉灵。

ən：森振贤囵伦尊遵迅损俊纷焚奋凌症。

in：临钦寝禽谣赁彬宾闽欣奔鸣鲸卿聘婴景庆。

（3）尖团音的演变趋势。在一些老年人的口语中，我们能听到一些尖团音的"痕迹"。如：

疖子	tsie33tsʅ	借钱	tsie21tɕʰie44
秋风	tsʰiəu33fəu33	立秋	li33tsʰiəu
接生娘	tsie33sin13ȵiaŋ44	接收	tɕie33ɕiu13

尖音的读法很不稳定，只存在日常用词中，其余词中都是尖团合流，而到了年轻人的口语里已经完全没有尖团之分了。老年人口中这种不稳定的读音可以视为从有尖音到尖音消失过程中的一种过渡形态。

（4）声韵调的整体借贷。土话对官话语音的借贷非常富有特色，那就是伴随着对官话的一些词语的借贷而整体照搬这些词语在官话中的读音，使这些词中单个字的读音与土话自身音系中的大相径庭，如表4-5所示：

表4-5　声韵调的整体借贷表

词语	应读音	今读官话音
菊花	tɕiəu33ho13	tɕy21fa33
农民	nəu44mɛi44	noŋ21min21
恭敬	kəu13kɛi21	koŋ33tɕin13

（5）文白异读。土话的文白异读现象尚处在文弱白强的阶段，表4-6按照声韵调的区别列举出部分有文、白读音的字。

表4-6　部分有文、白读音的字示例表

例字	文读音	白读音	例字	文读音	白读音
同声异韵同调					
阔	kʰo21	kʰəu21	命	min13	mɛi13
碾	ȵin53	ȵie53	年	ȵin21	ȵie44
应	in21	ie21	攻	koŋ44	kəu13

续表

例字	文读音	白读音	例字	文读音	白读音
工	koŋ44	kəu13	传	tɕʰyn21	tɕʰye21
识	sʅ33	sei33	寒	han44	hoŋ44
同声异韵异调					
心	sən33	sɛi13	新	sən33	sɛi13
静	tsən33	tsɛi21	圣	sən13	sɛi21
令	lin21	lɛi21	停	tʰin21	tʰɛi44
行	ɕin21	ɕie44	替	tʰi13	tʰai21
文	uən21	uɛi44	官	kuaŋ33	koŋ13
异声异韵异调					
弟	ti21	tʰai53	善	sən13	ɕie21
粳	kən33	tɕie13	镜	tɕin13	kɛi21
异声异韵同调					
鬼	kuei53	tɕy53	锥	tsuei13	tɕy13
浮	fai44	pau44	肯	kʰən53	tɕʰie53
虾	ɕia33	ho33	夹	tɕʰie33	ko33
同声同韵异调					
荒	faŋ33	faŋ13	西	ɕi33	ɕi13
权	tɕʰyn21	tɕʰyn44	料	liau13	liau21
疑	ŋi21	ŋi21	旺	uaŋ13	uaŋ21
富	fu13	fu21	基	tɕi33	tɕi13
异声同韵同调					
苦	kʰu53	fu53			

（二）词汇接触的情况

官话对土话词汇的影响主要体现为造成了土话中同义词的并存，如表 4-7 所示：

表 4-7　官话与土话中的同义词示例表

官话词	土话词	官话词	土话词
山	岭	烟叶	生烟皮
出门（出殡）	移柩	走路	行路
吃午饭	食上午咯饭	叫花子	讨食咯
老板	老板爷	外孙崽	外孙老爷
衣橱	竖橱	正门	本中门
堂兄（背称）	叔伯哥	猪油	猪膏
请医生	请郎中	租房子	批房子
茅厕	淤屋	以前	早仔

在这部分土话既有相应词又采用官话词的同义词中，有三类采用官话词的动机是较为明显的。第一类，土话词反映的是旧的社会意识，如把"老板"称为"老板爷"，把"外孙"叫作"外孙老爷"。第二类，土话词保留了古语的说法，如用"食"表示"吃"，用"行"表示"走"。第三类，土话词相对较为粗俗，如把"厕所"称为"淤屋"。这些土话词都是生活中的极常用词，它们或者与文明用语的要求不相符，或者与官话词汇存在很大差别，有违居民使土话向官话靠拢的时髦心理，而这正是土话采用官话词的主要原因。

三、赤石官话对杨梅山煤矿矿本部方言的影响

（一）语音接触的情况

在历时性语音条件方面，杨梅山煤矿矿本部（以下简称杨梅山煤矿）方言仍保留了长株潭小片的核心要素：

（1）古全浊声母今逢塞音、塞擦音时清化，舒声字一般不

送气，入声字部分不送气，部分送气。

（2）调类有六类，分别为阴平、阳平、上声、阴去、阳去、入声，调值分别是33、13、41、55、11、24。

此外，还有多个语音特点与长沙、株洲、湘潭三地方言相同：

（1）音系中仍存在舌尖后清塞擦音[tʂtʂʰʂ]和与之相应的舌尖后高不圆唇元音[ʅ]。

（2）泥来两母洪音相混，都读[l]；细音不混，泥母读[n]，来母读[l]。

（3）影母、疑母开口一二等字（除极少数外）大都念[ŋ]声母。

（4）臻曾梗摄舒声韵今洪音与通摄舒声今洪音相混，一般都念[-n]尾。

（5）晓匣母合口与非组字混。

赤石官话对杨梅山煤矿方言语音造成的影响较少，仅限于个别共时性语音条件。杨梅山煤矿方言的声母系统仍与长沙话一致，韵母系统的唯一区别在于杨梅山煤矿方言音系中鼻化元音韵母的消失。

长沙、株洲以及湘潭方言的音系都有鼻化元音韵母。长沙方言的四个鼻化韵是[õ][ɔ̃][iẽ][yẽ]，来自古咸、山两摄；株洲方言的四个鼻化韵是[õ][iõ][uõ][iã]，来自古山、宕、梗（三四等）三摄；湘潭方言的两个鼻化韵是[iẽ][yẽ]，来自古咸、山两摄。杨梅山煤矿方言音系已经没有鼻化韵，古咸摄今读[an][ien]两韵，山摄今读[an][ien][uan][yen]四韵，宕摄今读[an][ien][uan]三韵，梗摄（三四等）今读[in][en]两韵。而且全部为前鼻音尾韵母，同赤石官话的今读音完全相同。

杨梅山煤矿方言的音系中本来是有鼻化韵的，它是由鼻音韵尾脱落、元音鼻化演变而来的，按照正常音变规律，鼻化韵的进一步演变结果应该是元音的鼻化色彩逐渐减弱直至完全消失，变为单纯的元音韵母。但在赤石官话的影响下，这一位移过程不仅突然发生中断，鼻化韵反而又返回到了起点状态。如果把赤石官话的鼻音尾韵母视为静止时的原点的话，那么杨梅山煤矿方言的鼻音尾韵母与之相比，实质上是殊途同归，在表层达到了一致。

（二）词汇接触的情况

杨梅山煤矿方言的词汇系统夹杂了一些赤石土话、官话的词语。对赤石土话词的吸收并不是直接的，而是以官话为媒介间接借用过来的，也就是说，官话先从土话中借用词语，而杨梅山煤矿方言并不会全盘照搬这些借词，只是选择性地吸收了其中的一部分。所以，杨梅山煤矿方言中的土话词一定也存在于官话当中，同时数量上不及官话多。例如，鱼鳞天——有鱼鳞形云朵的天空；垌——田地，多用地名，如赤石垌。杨梅山煤矿方言也借贷了官话固有的词语。例如，称晒——形容人喜欢出风头，棒拐——泥蛙，倒板——天花板。

此外，赤石官话对杨梅山煤矿方言词汇的影响还包括同义词并存的情况，如表4-8所示：

表4-8 同义词示例表

杨梅山煤矿方言	赤石官话	长株潭小片方言	释义
菟脑壳	菟脑壳	菜菟子	菜的根部和茎
膝老骨	膝老骨	膝盖骨	膝盖

总而言之，和湘永煤矿方言相比，杨梅山煤矿方言更多地保留了源方言的核心特征，究其原因，湘永煤矿紧邻永兴县城和郴州地区西南官话的中心区域郴州市区，而杨梅山煤矿周边均为地方乡镇。就经济实力和社会影响力而言，永兴县城和郴州市区对于湘永煤矿具有更强的向心力，进而促使湘永方言向其方言靠近，而杨梅山煤矿与其周边乡镇不仅难分截然的高低，甚至还要强于个别地方，何况深受赤石土话影响的官话又并非郴州地区官话的"正宗"，无法对杨梅山煤矿的居民构成足够的吸引力，因此杨梅山煤矿方言在很大程度上仍然遵循自身规律的发展，体现出源方言的特色。

第二节 桂阳敖泉镇、桂阳流峰镇的方言接触

桂阳县以春陵江为界分为南北两半，人们习惯上把南北两区域分别称为南半县与北半县。南半县的各乡镇通常是既会说西南官话又有各自的土话，而北半县是土话区，讲土话的人口占总数的三分之二。敖泉镇属南半县，为双方言区，流峰属北半县，只讲土话，陈晖、鲍厚星（2007）根据调查分析，认为所谓的流峰镇土话实质上就是客家话。

一、敖泉土话对敖泉官话的影响

（一）语音接触的情况

1.声母

（1）部分全浊上声字今读送气清音。土话古全浊仄声字多

读送气清音，这种现象可能是客赣方言的底层的遗留，桂阳县的大部分居民就是唐宋以后从江西移民过来的。官话中有一些全浊上声字今读没有遵从演变常规念不送气清音，而念送气清音，可见受了土话的影响，如坐[tsʰo]、苎[tɕʰy]、柱[tɕʰy]、簿[pʰu]、跪[kʰuei]、近[tɕʰin]、重（轻重）[tʰoŋ]。

（2）假效流咸宕摄开口三等、通摄合口三等的知、照组字读[ȶ、ȶʰ]声母。

郴州地区官话知、照组字的照常读音是塞擦音声母，而敖泉官话假效流咸宕摄开口三等、通摄合口三等的知、照组字今读舌面前塞音[ȶ、ȶʰ]声母，体现了"古无舌上音"这一语音特征，官话的这种特殊读音无疑是土话影响的结果，举例如下。

假摄：遮扯。

效摄：交朝沼照赵超。

流摄：周州抽绸臭。

咸摄：沾占。

宕摄：樟张长涨账胀肠唱丈。

通摄：中终钟肿种铳充重虫冲众重。

（3）非敷奉母字与晓匣母合口字不混读。土话晓、匣母合口字都不与非组字混读，仍读[h]声母。例如，夫 fu33≠呼 hu33|符 fu12≠壶 hu12|斧 fu53≠虎 hu53|富 fu35≠护 hu35|发 fa21≠花 hua33|方 faŋ33≠欢 huaŋ33|烦 faŋ12≠皇 huaŋ12|犯 fan35≠换 huaŋ35|粉 foŋ53≠混 huoŋ53。

这一鲜明的语音特点同样体现在官话中。例如，夫 fu33≠呼 xu33|符 fu21≠壶 xu21|斧 fu53≠虎 xu53|富 fu35≠护 xu35|发

fa21≠花 xua33|方 fã33≠欢 xuã33|烦 fã12≠皇 xuã12|犯 fã35≠换 xuã35|粉 foŋ53≠混 xoŋ53。

整个郴州地区其他具备这个特点的官话非常少，从目前的材料来看，只有临武城关、宜章城关等地的少数官话，而这些地方的土话同样具备这样的特点。可以推断，这些官话无一例外都受到了土话的影响。

2.韵母

（1）古阳声韵字的今读，若有鼻音韵尾，则一律为后鼻音韵尾。土话音系中没有前鼻音韵尾字；古阳声韵字的今读有两种类型：一为元音韵，二为后鼻音尾韵母。受此影响，官话中古阳声韵字的今读，只要是保留鼻音韵尾的，则一律为后鼻音韵尾，以下列举出官话音系中四个鼻音韵尾韵母所管的部分例字。

oŋ：碰梦风东通龙总葱送功空红分棍困。

iŋ：兵斌拼贫明民林进尽斤巾跟深肯很郴阴音银。

ioŋ：军准蠢顺融用。

yaŋ：远软砖劝选。

（2）咸、山、宕、江摄读鼻化元音韵。土话咸、山、宕、江摄部分字仍保留鼻音韵尾，另一部分字鼻音韵尾脱落，读为纯粹的元音韵母，举例如下。

咸摄：减镰钳。

山摄：单兰摊段团山棉连田甜贯弯。

宕摄：糖樟涨账长肠唱。

官话同样呈现出了鼻音韵尾脱落的趋势，但脱落的速度不及土话快，目前这部分字读为鼻化元音韵[ã]、[iã]和[uã]，举例如下。

ã：减单兰摊糖山樟涨账长肠唱。

iã：镰钳棉田甜。

uã：贯弯段团。

并且，土话这三摄仍保留鼻音韵尾的字连同江摄字，官话也一律类推读为鼻化元音，如表 4-9 所示：

表 4-9　鼻化元音示例表

例字	搬	胖	电	面	宽	馆	江	双
土话	paŋ33	pʰaŋ35	tiaŋ35	miaŋ35	kʰuaŋ33	kuaŋ53	kaŋ33	suaŋ213
官话	pã33	pʰã35	tiã35	miã35	kʰuã33	kuã53	kã33	suã33

3.声调

（1）官话的各种调值包含在土话声调的调值之内。表 4-10 是土话和官话各自的调类、调值及相应的例字。

表 4-10　土话和官话各自的调类、调值及相应的例字表

土话			官话		
调类	调值	例字	调类	调值	例字
阴平	33	多哥	阴平	33	多哥
阳平	12	茶盘	阳平	21	吃茶
上声	53	好老	上声	53	打伞
阴去	35	正向	去声	35	聚会
阳去	213	大梦			
入声	21	不辣			

官话阴平、阳平、上声和去声四个调类的调值分别等同土话阴平、入声、上声和阴去四个调类的调值。

（2）少数全浊声母平声字读阴平调。官话全浊声母的平声字多读阳平调，少数全浊声母字的声调，官话同土话一样，读为阴平调类，如膨 pʰoŋ33｜腐 fu33｜魔 mo33｜磋 tsʰa33｜瘤 liəu33｜篮 laŋ33。

（3）部分全浊上声字仍归上声。上面所提到的今读送气清音的全浊上声字"坐苎柱被簿跪近重"不归去声，不符合官话的演变规律，和土话一样仍读上声。

（二）词汇接触的情况

表 4-11 列举官话从土话中借用的部分词语。

表4-11 官话从土话中借用的部分词语表

词语	注释	词语	注释
糜	粥	搅糜	煮粥
珍珠辣	西红柿	沕沉子	潜水
鋑	锈	物器	东西
鸡也母	未下蛋的母鸡	冷饭	剩饭
野名	外号	祖	坟墓
佬佬	弟弟	蟆蝈痣	痣
砑	强行塞入	聋子锁	任何钥匙都能开的锁
甜瓜	苦瓜	弄蛇	蚯蚓
蟆蝈皮	背心	到居	回家

其中，"砑"是一级赣语特征词，"糜"在闽中常用来指称"粥"，这些反映了土话特色与其方言来源有重要关系的词语也被官话一并吸收了进来，使官话的词汇系统呈现出兼收并蓄的特点。

二、敖泉官话对敖泉土话的影响

（一）语音接触的情况

1.部分并、定母平声字读送气音

土话古全浊塞音声母的演变特征：平声送气与否依声母的不同分流，并、定母今多读不送气音，其余各母今读送气音；仄声大部分送气。在官话"平声清化送气"规律的影响下，部分并、定母平声字今读送气清音，如题[tʰi]、蹄[tʰi]、提[tʰi]、瓢[pʰiau]、嫖[pʰiau]、条[tʰiau]、唐[tʰaŋ]、填[tʰiaŋ]、朋[pʰoŋ]、棚[pʰoŋ]、评[pʰiŋ]、屏[pʰiŋ]、贫[pʰin]、停[tʰiŋ]、亭[tʰiŋ]。

还有部分并、定母平声字则形成了送气清音和不送气清音的文、白两读，如表4-12所示。

表4-12 并、定母平声字文、白两读示例表

例字	文读音	白读音	例字	文读音	白读音
皮	[pʰi]	[pi]	蒲	[pʰu]	[pu]
图	[tʰu]	[tu]	涂	[tʰu]	[tu]
排	[pʰai]	[pai]	弹（～琴）	[tʰaŋ]	[taŋ]

2.流摄字分读[ei]、[ou]两韵

土话的流摄字分读[ei]、[ou]两韵，读[ei]韵的占绝大多数，读[ou]韵的只有"州酬丑购抠侯候怄"等少数字，且多为书面用字。官话的流摄字一律读[ou]韵，显然土话中流摄字[ou]的读音系从官话中借贷而来。

3.止摄合口字分读 [y]、[uei]两韵

土话止摄合口字今有[y]、[uei]两种韵母，举例如下：

[y]：醉吹锤槌岁睡虽。

[uei]：追龟鬼归贵柜葵亏挥辉毁威围汇。

止摄合口字的[y]韵读法应该是土话的本土特色，而在强势方言的渗透与影响下，[y]韵读法发生动摇和变化，[uei]韵的音读逐步得到强化，在整个止摄合口字中，读为[uei]韵的字已经达到了三分之二强。

4.文白两读

土话的文白异读现象尚处在文弱白强的阶段，表4-13按照声韵调的区别列举出部分有文、白读音的字：

表4-13 有文、白读音的字示例表

例字	文读音	白读音	例字	文读音	白读音
同声异韵同调					
光	kuaŋ44	kuo44			
异声同韵同调					
架	ka35	kʰa35	股	ku53	kʰu53
气	tʃʰi35	ʃi35	苦	kʰu53	fu53
教	kau35	tau35	家	ka33	ta33
挑	tʰiau33	tiau33	月	ye21	nye21
异声异韵同调					
纸	tsʅ53	tʃi53	开	kʰai33	hei33
学	ʃo21	huo21			
异声异韵异调					
撕	sʅ33	tsʰa35			

（二）词汇接触的情况

官话对土话词汇的影响主要体现为造成了土话中同义词的并存，如表4-14所示：

表4-14　官话与土话中的同义词示例表

官话词	土话词	官话词	土话词
当兵	吃粮	明年	降年
日	工	夫娘	伙头婆
下面	下尾	地方	墩上
时候	田地	头发	头丝
枕头	床脑头	单车	线车
芝麻官	盛屎官（盛屎：厕所）	脾气	性子

土话既有相应词又采用官话词的动机可以从三个方面来分析：

第一，土话词反映出旧的封建社会意识，如"伙头军"指军队中负责在厨房做饭的士兵，同理，"伙头婆"应该指的是"负责做饭的女人"，土话用"伙头婆"来指称妻子，说明旧社会女人社会地位低，词语的创造者把"做饭"视为一个妻子最重要的作用和任务，体现了对妇女极端的蔑视和不尊重。再如，把"当兵"叫作"吃粮"，很可能是因为过去百姓生活困苦，食不果腹，能够吃饱饭就心满意足了，而当兵正好可以实现这一简单愿望，因此词语的创造者就非常狭隘地把"当兵"理解为"吃粮"了。随着社会的进步和人们生活水平的提高，这些词语的使用频率下降很快，借贷过来的官话词逐渐得到广泛运用。

第二，土话词粗鄙不雅，如把职位较低的干部称为"盛屎官"就是一个典型的例子。用"盛屎"来形容职位低的程度，实在给人恶心、生厌的感觉，现在多说"芝麻官"。

第三，官话词与共同语用词一致，对这类官话词的采用，正好反映了共同语推广的影响力，如"明年""地方""枕头""脾气"等词语。

三、敖泉官话对流峰土话的影响

（一）语音接触情况

1.鼻音韵尾的渐趋消失

客家话中少有鼻化韵或鼻音韵尾脱落的现象，古阳声韵字的今读仍保留了鼻音韵尾。而作为远离客家方言中心区域的流峰土话（即客家话），在周边方言尤其是敖泉官话的影响下，其阳声韵字今读音的分化反映出了一个"保留鼻音韵尾→鼻化元音→元音"的鼻音韵尾逐渐消失的动态演变过程。

我们先看臻摄字。臻摄合口字分读鼻音尾韵和鼻化韵，鼻音韵尾字仍占大多数，举例如下：

[uən]：伦轮沦遵俊准春椿荀旬循巡殉蠢唇纯醇榫笋迅顺训舜盾群裙郡荤勋熏薰晕云。

[yn]：均钧君军。

[uɛ̃]：文纹闻问刎吻蚊。

但是，[uən]和[yn]是流峰土话音系中硕果仅存的两个鼻音尾韵母。咸深山臻宕江曾梗通鼻音韵尾一律脱落，鼻化韵字的覆盖范围迅速扩张，举例如下。

[ã]：班半搬满慢饭贪毯烦蓝男伞参残站感干艰砍看喊限陷

安颜岩。

[iã]：鞭匾变篇骗片辩棉面点电田舔年恋尖见签钱现闪扇盐燃演燕。

[uã]：端短段团暖乱钻窗创篡酸删蒜官观敢罐欢环缓唤患湾玩碗岸。

[yã]：全泉宣选专转川穿圈传船悬县旋掀权冤沿铅原源檐软远院怨。

[ɛ̃]：宾斌本烹盆品民门分等灯顶邻请心甥芹恳庆忍认姻银痕隐纫。

[uɛ̃]：秦晋顷倾琼横。

[ɔ̃]：朋棚蓬捧梦盟萌疯缝俸冬懂冻通铜痛笼农宗聪公拱控红洪翁。

[iɔ̃]：忠终钟种肿充冲虫宠铳胸凶兄熊雄荣容融庸芙绒勇用涌雍戎。

[ĩ]：珍真侦正针枕陈秤身兴神婶晨胜劲凝伸升剩蒸贞整橙城惩拯。

[ɔ̃]：帮绑棒螃旁胖忙蟒方房放当党汤糖躺烫狼浪装床霜刚狂昂网。

[iɔ̃]：胀仰良粮亮两将姜丈枪墙祥肠抢唱相乡商常想赏橡上向响享。

咸、山摄有的字连鼻化色彩也完全消失，变为纯粹的元音韵母，如探[lo45]、断[to42]、杉[so33]。

可见，流峰土话深受敖泉官话鼻音韵尾脱落影响，不同的是，在敖泉官话尚无古阳声韵字读为元音韵的情况下，流峰土话发展得更为迅速，先一步出现了单纯的元音韵母，而这也是类推规律的体现。可以预见的是，随着敖泉官话以及周边官话的进一步渗透，臻摄合口字鼻音韵尾的读法最终将不复存在。

2.次浊上的音变规律

在客家话中有不少次浊和全浊声母平声、上声字念成阴平调，尤其是"尾暖冷软有野"六个次浊上声字念阴平调是判别方言客话性质的重要依据。而这种现象并未存在于流峰土话中。流峰土话全浊上声字今读没有归阴平调的。而次浊上声字仍读上声的演变规律与敖泉官话乃至整个郴州地区的官话大致相同。例如，尾[mɛ42]｜暖[luã42]｜冷[lɛ42]｜软[yã42]｜有[iəu42]｜野[io42]。

3.文白异读

（1）流摄字的文白异读。流摄字的文白异读集中在开口一等，流峰话的底层读音为[ɛ]韵，在敖泉官话[əu]韵的影响下，出现了文读音[ə]韵，[əu]与[ə]韵腹相同。以下列举出部分有文白异读的流摄开口一等字及其用例：

偷	tʰə33	小~｜~换
	tʰɛ33	~东西
走	tsə42	~马观花｜~投无路
	tsɛ42	~路｜~运
口	kʰə42	~头｜~哨｜~供
	kʰɛ42	~水｜~干

（2）梗摄字的文白异读。梗摄字的文白异读集中在开口三四等的舒声韵里，文读音为[ɛ],白读音为[iɔ̃]，文白读音都受到敖

泉官话的影响，呈现出鼻音韵尾弱化的迹象。以下列举出部分有文白异读的梗摄开口三四等字及其用例：

命	mẽ45	生～｜～运｜革～
	miɔ̃45	～不好
井	tsẽ42	～～～有条
	tʃiɔ̃42	～水｜打～
青	tsʰẽ33	～春
	tʃʰiɔ̃33	～色
腥	sẽ33	血雨～风
	ʃiɔ̃33	～味

（二）词汇接触的情况

以温昌衍的《客家方言的特征词》作为参照，流峰土话中与客家话方言区特征词（共87条）一致的只有以下17条。

半昼：半个上午的时候。

打走：（被水）冲走。

抛：（车很）颠簸。

打帮：靠他人帮忙，依赖他人得到好处。

蜃：（用指甲）掐。

中：（头）顶、遮盖。

较：用东西去换（糖果等）。

姊嫂：妯娌。

唱喏：（双手合十）拜神、佛、祖宗等，伴有祈祷言语。

唔得：巴不得。

噙：（用）罩子罩住（鸡鸭）。

两姨丈：两连襟。

弥：母亲，多用作面称。

抻叉：（衣服）伸展不皱。

扐：拔、扯。

据：（手指）冻僵，不灵活。

匏勺：匏子外壳做的瓢。

其余特征词流峰土话相对应的说法分三种类型：

1.和敖泉官话相同（表4-15）

表4-15 和敖泉官话相同示例表

客家方言区特征词	流峰土话、敖泉官话
湖（小水坑，积水洼地）	沟坑
湖蜞（蚂蝗）	蚂蝗
屎乌蝇（绿头苍蝇）	饭蚊
嫲（指雌性动物）	婆
猫公（猫统称）	猫
黄蚻婆（蟑螂）	骚口婆
旧饭（剩饭）	现饭
操（用能滤水的器具快速捞起水中物）	捞
寸（手指搓体垢）	搓
孵（蹲）	□tse33
夭（湿泥、面粉团等因含水多而稀烂难定型）	烂

2.与敖泉土话渗透到敖泉官话的词语相同（表4-16）

表4-16　与敖泉土话渗透到敖泉官话的词语相同示例表

客家方言方言区特征词	土话、敖泉土话、敖泉官话
地（坟墓）	祖
荷（挑）	担
笠嫲（斗笠）	斗篷
转屋下（回家）	到居

3.其他（表4-17）

表4-17　其他词语示例表

客家方言区特征词	流峰土话	敖泉官话	敖泉土话
横（胡乱地猛摔较重物体）	liɣ33	甩	hua21
浣（体垢）	黑口 tɕʰie31	浣泥	浣泥

此外，流峰土话也通过敖泉官话借贷了少数敖泉土话中较有特色的词语，举例如下。

聋子锁：任何钥匙都能开的锁。

物器：东西。

弄蛇：蚯蚓。

蟆蝈皮：背心。

野名：外号。

总之，流峰话一方面遵循自身语言内部规律发展，保持了客家话的部分特色，另一方面在同邻近方言特别是敖泉官话的语言接触交往中受其影响而有所变异，语音和词汇都杂糅了敖泉官话的元素，尤其在词汇方面，与客家话方言区特征词一致的还不到五分之一，敖泉官话甚至是土话的渗透非常明显，客观地说，流峰话实际上是一种底层为客家话且融合了周边方言成分的混合型方言。

第五章 郴州地区汉语方言接触的特点

郴州地区犬牙交错地分布着西南官话、赣语、客家话以及湘语等多种方言，语音、词汇系统各具特色，接触的类型十分丰富。研究郴州的汉语方言接触状况，有助于人们认识汉语的共时面貌和发展历史，对整个汉语的方言接触研究，具有重要的语料价值和类型学上的理论意义。本章是在集中描写和分析地缘接触引发的方言接触、双方言区内的方言接触以及综合性的方言接触三大类型的基础上对郴州地区汉语方言接触的特点进行的归纳与总结。

第一节 宏观层面的特点

一、官话受其他方言影响

郴州市是郴州地区经济、政治、教育、文化等各项事业的中心，从长远看，属于西南官话的郴州话逐渐蔓延整个郴州地区将是方言接触演变的趋势。但由于各地方言的保守性、语言渐变规律的制约，这一结果不可能立刻实现，只能随着时间链条的逐渐延伸有次序、分步骤地完成。

在郴州地区的方言接触这一复杂事物的矛盾体系中，官话对其他方言的影响处于支配地位，对事物的发展方向起着决定作用，是其矛盾的主要方面。但其他方言也在一定程度上对官话产生了不容忽视的影响，属于矛盾的次要方面，这种影响的存在主要有两种原因。一是经济、政治依赖度的就近原则。例如，碧塘话虽然属于西南官话，但由于在碧塘行政上隶属永兴县，又临近县治所在地城关镇，地理距离仅 4 千米左右，在经济等各方面都对城关有着极强的依赖性。而郴州与碧塘并未形成直接的行政管辖关系，经济上联系相对较少，且两地相距 42 千米左右，郴州话的辐射能力远不及永兴城关话。因此，碧塘话受到城关话的影响，如部分古影、疑母的开口一二等字不像郴州话那样念[ŋ]声母，而与城关话同读零声母，并借贷了不少城关话的词语。二是双方言区的母语制约作用。双方言区一人之口能讲土话与官话两种方言，土话是当地居民的母语，有其厚重的社会基础和文化基础，官话是伴随着与外沟通的需要而后天习得的，在学习官话的过程中，土话的元素总是自觉不自觉地迁移进来，作为母语的土话的制约使官话呈现出杂糅混合、斑驳陆离的特点。临武舜峰、嘉禾广发、宜章赤石、桂阳敖泉的官话与郴州话相比，在音韵特点上就存在明显的差异。试举几例，临武舜峰官话见系声母拼细音仍读舌根音，如鸡[ki]、求[kʰiou]、学[xio]等；嘉禾广发官话假、蟹、效、咸、山、江摄开口二等见、晓组字多读细音，如架[tɕia]、鞋[ɕie]、咸[ɕien]等；宜章赤石官话部分梗、通摄字丢失鼻音韵尾、读为元音韵，如名[miɜm]字、祖宗[tsəu]等；桂阳敖泉官话假效流咸宕摄开口三等、通摄合口三等的知、照组字读舌面前清塞音声母，如"遮""照""中"等字，正是"古无舌上音"这一语音特征的反映。上述现象都体现出各自土话鲜明的特点。

二、客、赣、湘语与其源方言存在较大差异

郴州地区的方言除西南官话外，赣语、客家话都处于所属大方言的边界区域，郴州的方言岛则远离其移民原居地。由于地理上距离方言区域中心或原居地较远，方言区域中心的代表方言或原居地方言旧的语言成分的消失、新的语言成分的出现都不会有所波及，边界方言与相接缘的另一边界方言之间、岛方言与相接缘的包围方言之间所发生的接触却日益频繁，接触的过程中，由于方言之间在语言成分上的相互吸纳，使郴州地区的客、赣、湘语实际上成了兼容多种方言特征的混合程度较高的方言，从而与其源方言有较大的差异。下面以桂东城关话为例进行说明：

（1）古全浊声母字今读塞音、塞擦音时，不论平仄一律为送气清音。

（2）部分古非敷奉母的常用字在客家方言中念为[p]、[pʰ]声母，保留了"古无轻唇音"这一上古语音的特点。

（3）泥来母逢今洪音[n]、[l]有别。

这些都反映出客家话的特点，但是桂东城关话仍有很多与客家话相迥异的地方：

（1）城关话部分止摄合口字韵母念撮口韵[y]，客家话念以[i]为韵尾的复合元音韵，如"嘴吹跪醉水鬼"。

（2）城关话蟹摄开口一、二等字大都韵尾脱落念[a]，客家话念[ai]，如"摆派柴灾拜埋排代材戴赖"。

（3）城关话部分疑、影母一、二等字念后鼻音声母，客家话念零声母，如"爱蔼庵鞍懊䉪岸傲藕"。

（4）城关话假摄字和少数蟹摄、咸梗摄入声字韵母的主要元音为[o]，客家话为[a]，如"家架嫁惹野夜瓜瓦画石"。

（5）城关话遇摄三等字韵母念[y]，客家话念[i]或[u]，如"居女树住厨句鼠鱼除猪取乳苎输主"。

（6）城关话果摄字韵母以舌面央元音为主要元音，客家话中大多以[o]为主要元音，如"薄多鹅饿歌禾婆锁驼左"。

而这六条特征与周边赣语资兴兴宁话相同，所以桂东城关话实际可以视为融合了客家话与赣语语音特征的混合型方言。

三、渐变性与不平衡性的有力印证

社会的发展变化制约着语言的演变，而语言的演变又有自身的特点，其中尤其以渐变性和不平衡性最为突出，郴州地区汉语方言的接触演化也概莫能外。

所谓渐变性，是指语言的演变相对稳定，是通过语言中新的要素逐渐积累和旧的要素逐渐消亡来实现的。例如，客家话中少有鼻化韵或鼻音韵尾脱落的现象，古阳声韵字的今读仍保留了鼻音韵尾。而作为远离客家方言中心区域的流峰土话（即客家话），在敖泉官话的影响下，其阳声韵字走上了鼻音韵尾脱落的道路，但这种脱落并不是一步到位的，从流峰土话阳声韵字的今读类型来看，共有鼻音韵尾字、鼻化元音字和元音韵字三种，反映出了"保留鼻音韵尾→鼻化元音→元音"的鼻音韵尾逐渐脱落的演变过程。

所谓不平衡性，是指语言各个要素的发展或整个语言全局发展具有不一致性，不是同步演变的，而是呈现出先后有别的

第五章　郴州地区汉语方言接触的特点

特点。郴州地区汉语方言的接触演化的不平衡性可从以下两个方面来观察。第一，语言系统内部各个组成部分演变的速度有区别，语音、词汇及语法中，对方言接触变异反应最快最明显的是词汇，而语音和语法发展变化则相对较慢，稳定性较强。即便是语音、词汇及语法中某一系统所包含的各要素的发展，不平衡性同样存在。例如，永兴柏林镇与安仁龙海镇的赣方言接触，有关语音方面的不多，词汇接触的类型却相当丰富，包括词语的借贷、构词语素的借贷、构词理据的借贷、词义的演变等，而在词汇接触中，借词又最为突出，数量最多，如"拜头年（向日葵）""嬉（玩）""男子（丈夫）""龟（乌龟）"等相互之间的借词。再如，双方言区临武舜峰"勇（土话词）"和"兵（官话词）"、嘉禾广发"俸谷（土话词）"和"学费（官话词）"、宜章赤石"郎中（土话词）"和"医生（官话词）"、桂阳敖泉"伙头婆（土话词）"和"夫娘（官话词）"等同义词并存的现象，从本质上说，这属于官话元素与土话元素竞争的一种态势，但在并存的同义词中，官话词都占上风。第二，方言的接触演化在不同地域上的不平衡。同样都处于所属大方言的边界区域，但汝城与郴州相隔较远，郴州话对其方言的渗透有限，而永兴城关镇比邻郴州，其方言就深受郴州话的影响，体现在语音、词汇的各个方面。

第二节 微观层面的特点

一、词汇接触的类型相当丰富

郴州地区的方言词汇接触的类型是很丰富的,既有词语及构词语素的借贷,又有造词理据的移植;既产生了融合各自方言特征语素的"合璧词",又存在同义词并存的情况;既有词缀构词能力增强的现象,又有义项数量的增多;既有词义的扩大,又有词义的转移。其中词语的借贷和同义词的并存涉及的方言点最为广泛,出现造词理据的移植、构词语素的借贷及词缀构词能力增强现象的方言点数量较少,安仁、龙海的词汇接触包含的类型则非常丰富。

二、鼻音韵尾和鼻化元音的演化类型丰富

中古阳声韵字在汉语方言中的今读有鼻音韵尾韵母、鼻化元音韵母和元音韵母三种。方言之间的接触往往会促使甲方言中的某种韵母受乙方言的影响,异化为乙方言中的另外一种韵母,或者处在朝乙方言韵母方向演化的趋势中,反之亦然。从理论上分析,存在鼻音韵尾韵母、鼻化元音韵母和元音韵母分别演化成其他韵母这三种情况,具体到郴州地区的汉语方言,有鼻音韵尾韵母和鼻化元音韵母的演化两种情况,又可以细分为四种类型:

（一）鼻音韵尾韵母→元音韵母

宜章赤石官话受赤石土话影响，少数梗开三、四等字鼻音韵尾脱落，读[ɛi]韵，如后颈[kɛi]窠、青[tsʰɛi]布。

（二）鼻化元音韵母→鼻音韵尾韵母

永兴湘永煤矿话受周边官话影响，音系中原有的鼻化元音韵母演变为鼻音韵尾韵母如[õ]→[an]、 [ɔ̃]→[an]、[iẽ]→[ien]、[yẽ]→[yen]。

（三）鼻音韵尾韵母→鼻化元音韵母→元音韵母

在周边方言尤其是敖泉官话的影响下，桂阳流峰话阳声韵字的今读正好包括鼻音韵尾韵母、鼻化元音韵母和元音韵母，数量合计 14 个，其中鼻化元音韵母有[ã]、[iã]、[uã]、[yã]、[ɛ̃]、[uɛ̃]、[ɔ̃]、[iɔ̃]、[ĩ]、[õ]、[iõ]，数量达到 11 个，占据了绝对优势，鼻音韵尾韵母有[uən]、[yn]2 个，元音韵母仅有[o]1 个，反映出"鼻音韵尾韵母→鼻化元音韵母→元音韵母"的鼻音韵尾逐渐消失的动态演变过程。

（四）鼻音韵尾韵母→鼻化元音韵母→鼻音韵尾韵母

例如，永兴碧塘老派话古宕、江摄等阳声韵字，受永兴城关话读为元音韵影响，鼻音韵尾韵母弱化为鼻化元音韵母[ã]、[iã]、[uã]，新派话逆向运行，由鼻化元音韵母再次演化为鼻音韵尾韵母[an]、[ian]、[uan]，重新回到发生位移的起点，最终仍与郴州话相同。可见，在永兴城关话和郴州话两种方言的角力下，郴州市在经济、政治上的中心地位使其方言成为碧塘话"归顺"的目标。

三、经济原则的广泛存在

语言学界认为，人类语言的运用趋向于经济原则。语言的经济原则又叫语言的经济性，是用最小的语言单位来表达最大限度的信息量，是语言在演变过程中遵循的一个基本原则。所谓"经济"，只是相对于取得的效果而言的，付出比较少而已。"取得效果"才是目的，"经济"不能以放弃这个目的为代价。郴州汉语方言接触中，在语音、词汇语等方面都可以观察到经济原则的具体表现。

（1）通过语音类推作用，以某些字的读音为标准，改变另一些字的读音来与之看齐。换句话说，某个语音成分并没有发生音变的条件，只因为原来同组的声母、韵母或声调发生了变化，就随之也发生了变化。这就使语音的演变有章可循，有捷径可走，避免了"照葫芦画瓢"的麻烦。语音类推是受动方言向施动方言靠拢的高效方法。例如，临武土话帮端见系臻开三、曾开三、梗开三四等的入声韵字读[ie]韵，临武官话也借用了这条语音规律，而"觅逸泣抑击弱辟劈密溺夕锡析悉习袭昔亦译"等土话不说的书面用字，官话仍遵从语音规律，读成符合语音规律的读音。再如，桂阳敖泉土话咸、山、宕、江摄部分字鼻音韵尾脱落，读为纯粹的元音韵母，受此影响，敖泉官话同样呈现出了鼻音韵尾脱落的趋势，这部分字读为鼻化元音韵，而土话这四摄仍保留鼻音韵尾的字，官话也按照已知的对应关系对号入座，一律类推读为鼻化元音韵。

（2）土话声调调值涵纳相应官话的声调调值。官话的调值都出现在相应土话的调值之内，对这种现象，李永明先生做出了解释，"一个地方的人，如果他的母语调类不多，要他用八九种不同的调值来分辨两种方言中八九种不同的调类是有困难的。于是，这些聪明人自发地拿母语的调值去套第二方言的调值，如果两者差不多的话，就把它改造成相同的。这就省事多了，两种方言加起来本来有九个调类，现在只要用六种调值就能区别了"。既不增加新的调值，又能为区分两种不同的方言服务，在语言元素的数量维持现状的情况下，发挥的功能却可以加倍，这正是经济原则的体现。

（3）并存的同义词中官话词以外的方言词的使用频率递减。并存的同义词多由官话词和本地方言的词语组成，成对的词意义完全相同，实际上都是等义词。等义词在语言中多半不能长期存在，因为语言要求经济，容不得可有可无、重复臃肿的东西。等义词多了，会增加人们交际中的麻烦，因此在语言的使用中往往会淘汰一个，保留一个。官话是强势方言，官话词的使用频率日益提高，最终将独自存在，本地方言的词语在与官话词的较量过程中处于下风，使用频率递减，随着时间的推移，最终将退出方言的词汇系统。长期并存的词语必然会在词义、用法、色彩等方面分出细微的区别。

第六章 永兴城关话的归属问题
——从方言接触视角看方言区属认定的个案分析

第一节 永兴方言及永兴方言研究现状述评

永兴县周边环境独特。它位于湖南省东南部，湘赣边界。地理上与属赣语区的耒阳、资兴、安仁和属西南官话区的郴州、通行官话与土话的桂阳交界。郴州方言作为地区内的方言，已经将这种官话的某些语音色彩施加于永兴方言。而地处湖南加上自南唐以后各个朝代江西人口陆陆续续迁居而带来的赣语的入侵以及东、北两面与资兴、安仁等赣方言点的接壤，使得永兴话在语音面貌上除了具有自身的特点之外，兼具西南官话、赣语这两种现代汉语方言的特征。

目前对永兴方言的分区问题，为数不多的几本著作、论文对它的归属做了一些只言片语的介绍，但也是各执一端，始终没有公认的令人满意的结论。

根据中国社科院和澳大利亚人文科学院合编的《中国语言地图集》（1987）的汉语方言分区结果，永兴方言属于赣语的耒资片。

《湖南省方言区画及其历史背景》（周振鹤、游汝杰，1985）把湖南汉语方言分为 5 个区：西南官话片、湘语北片、湘语南片、赣客语片、官话和湘语混杂片。把永兴、郴县、宜章、桂阳、嘉禾、临武、蓝山、宁远、新田、道县、永明、江华等县作为官话和湘语混杂区。

《湖南方言分区述评及再分区》(李蓝,1994)采用"声韵调三重投影法"把湖南汉语方言分为湘语区、西南官话区、混合型方言区。永兴、嘉禾、临武、宜章、桂阳、郴州、安仁等县市与湘西和湘北等44个方言点同属西南官话区。

《现代汉语方言》(詹伯慧,1981)把湖南省内的方言划分为三个不同的方言系统,并指出其中"第三区是客赣方言区,包括北起临湘、南至汝城等,在湖南东部形成了一个狭长地带",其语言特点与"客赣方言相似"。在谈到赣方言的时候,他又认为江西"西部与湖南交界的狭长地带,加上湖北东南部分地区,语言现象复杂,某些特点交错并存,或许可以另立'湘赣方言'一类,但目前尚未对这些地区方言面貌做深入的调查研究,要下科学结论的材料似乎还未成熟"。

《汉语方言及方言调查》(詹伯慧,2006)把湖南省的方言分为五区:①湘语区;②西南官话区;③赣客方言区;④西南官话与土语双语区;⑤瓦乡话区。在谈到赣方言时明确指出,"江西省境外通行赣方言的县(市)是湖南省东部的临湘、平江、浏阳、醴陵、攸县、茶陵、酃县(古县名,现叫炎陵县)、桂东、汝城、常宁、耒阳、永兴、资兴、安仁",并且认为"湖南东部14个县(市)的赣语,大致接近于江西省内的宜萍片赣语"。

《现代汉语方言概论》(侯精一,2002)把赣语分为"南昌靖安、宜春浏阳、吉安茶陵、抚州广昌、鹰潭弋阳、大冶通城、耒阳资兴、洞口绥宁、怀宁岳西等9个片"。其中,"耒阳资兴片

第六章 永兴城关话的归属问题

分布在湖南省东南部,包括耒阳、常宁、安仁、永兴、资兴5个县市"。

当地县志编委会主编的《永兴县志》(1994)里面的"方言"这一节则认为永兴方言属于湘语。

综合上述论著对永兴方言归属的看法,主要有以下四类:①客赣方言或湘赣方言;②赣方言;③湘方言;④西南官话。

然而实际上,得出这几种截然不同的观点,都没有建立在对永兴方言的语音系统进行全面调查、整理、分析的基础之上。上述著作对永兴方言归属的认定或者缺乏丰富的语言材料,或者仅靠个别字音韵特点的孤凭独证,在判断上难免会有偏差。此外,作为现代汉语七大方言区中的湘方言、赣方言和客家方言区,各有各的语音体系。虽然罗常培先生曾根据古浊塞音、塞擦音转化为送气清音这一共同特点,把客家方言和赣方言合称为"客赣语",但是南昌话(赣方言代表)和梅县话(客家方言代表)之间仍是有着相当大的区别的,各自都有许多不同的特点。至于湘方言,与赣方言的差别就更加突出了。所以,《现代汉语方言》一书中像"湘赣方言""客赣方言"这样的概念就都较为笼统。唯一对永兴方言音系做过详细描述的是《永兴县志》,但遗憾的是,可能由于作者缺乏使用国际音标的能力,该书完全是照搬普通话语音系统的声韵母来描述永兴方音的,因此记音方法的科学性、所记材料的准确性就存在相当大的问题。而对于永兴方言的音韵特点,也只是有一些零散的描述,没能对照中古音韵系统做出详尽的阐释,许多永兴音独具的区别性特征在该书中没有得到如实的说明。所以,要准确地辨明永兴方言的区属,就必须先对它的音系做全面、如实的调查。

把永兴方言视为官话和湘语混杂区，这种折中的办法较为稳妥，但对永兴方言必有的底层未进行深入分析。此外，将永兴方言一概划归为某种方言，实际上是预设了永兴境内的各方言点都具有大致相同的音韵特征，在缺乏方言材料的情况下做出这样的判断尚难让人信服，而永兴方言确实存在的内部差异就否定了这一前提的合理性，因此对永兴方言的归属认定应该具体情况具体分析，采取"分而治之"的方法。

总而言之，目前公开发表的永兴方言的研究成果主要存在着三大局限：一是对永兴所处的地理位置的特殊性认识不够，周边方言给永兴话逐渐施加的影响、造成的侵蚀未能引起足够的关注；二是没有对语音系统做过全面准确的调查，并在这个基础上与周边方言进行类型上的比较；三是忽略了永兴方言的内部差异，将音韵特征各有差别的方言点统一划归某种方言。这些正是导致永兴方言的分区问题至今仍悬而未决的根本原因。本章试图结合这几个方面来展开讨论，对永兴方言的归属问题提出一些新的看法。

第二节　永兴城关话和湘、赣、西南官话各方言代表点语音条件的比较

永兴县城关镇处在县境中部，地势较平坦，水陆交通方便，历来是永兴的政治、经济、文化中心，本章所讨论的就是永兴城关话的归属问题。

本书选取用来比较的湘方言的代表点是长沙话和湘乡话，赣

方言的代表点是南昌话及湖南省内的赣方言浏阳话，西南官话的代表点是郴州话。音韵特点分为历时性语音条件和共时性语音条件。其中的历时性语音条件主要探讨古全浊塞音、塞擦音声母的演变情况和古塞音韵尾[-p]、[-t]、[-k]的演变情况在上述几种方言的反映。共时性语音条件包括三个方面：

（1）古非、敷、奉母和晓、匣母合口的混读情况。

（2）舌根音声母[ŋ]和鼻化韵的有无。

（3）古泥、来二母的混读情况。

这三个方面的语音条件是结合湘方言、赣方言、西南官话各自的特点做出的归纳。

一、各方言点历时性语音条件的比较

（一）古全浊塞音、塞擦音声母的演变情况（表6-1）

表6-1 古全浊塞音、塞擦音声母的演变情况表

并母平声	永兴	南昌	浏阳	长沙	湘乡	郴州
婆	pɷ	pʰɔ	pʰo	po	bɷ	pʰo
牌	pa	pʰai	pʰai	pai	ba	pʰai
陪	pɿ	pʰi	pʰei	pei	bai	pʰei
皮	pɿ	pʰi	pʰi	pi	bi	pʰi
盆	pən	pʰən	pʰən	pən	bin	pʰən
朋	poŋ	pʰuŋ	pʰəŋ	pən	ban	pʰuŋ

续表

并母仄声	永兴	南昌	浏阳	长沙	湘乡	郴州
部	pu	pʰu	pʰu	pu	bu	pu
备	pɿ	pʰi	pʰei	pei	bai	pei
败	pe	pʰai	pʰai	pai	bai	pei
倍	pɿ	pʰi	pʰei	pei	bai	pei
毙	pɿ	pʰi	pʰi	pei	bi	pi
暴	pɤ	pʰau	pʰau	pau	bau	pau
定母平声	永兴	南昌	浏阳	长沙	湘乡	郴州
图	tu	tʰu	tʰəu	təu	du	tʰu
抬	ta	tʰai	tʰai	tai	dai	tʰai
题	tʃɿ	tʰi	tʰi	ti	di	tʰi
逃	tɤ	tʰau	tʰau	tau	dau	tʰau
谈	tɛ	tʰan	tʰan	tan	diã	tʰan
团	tuɛ	tʰɔn	tʰuan	tõ	duã	tʰuan
定母仄声	永兴	南昌	浏阳	长沙	湘乡	郴州
度	tu	tʰu	tʰəu	təu	du	tu
袋	ta	tʰai	tʰai	tai	duai	tai
第	tʃɿ	tʰi	tʰi	ti	di	ti
稻	tɤ	tʰau	tʰau	tau	dau	tau
淡	tɛ	tʰan	tʰan	tan	diã	tan
电	tʃie	tʰiɛn	tʰiẽ	tiẽ	dĩ	tiɛn

续表

从母平声	永兴	南昌	浏阳	长沙	湘乡	郴州
财	tsʰa	tsʰai	tsʰai	tsai	dzai	tsʰai
齐	tʃʰï	tɕʰi	tɕʰi	tɕi	dzyi	tɕʰi
瓷	tsʰɿ	tsʰɿ	tsʰɿ	tsɿ	dzɿ	tsʰɿ
曹	tsʰɤ	tsʰau	tsʰau	tsau	dzau	tsʰau
残	tsʰɛ	tsʰan	tsʰan	tsan	dziã	tsʰan
钱	tʃʰie	tɕʰiɛn	tɕʰiē	tɕiē	dziĩ	tɕʰiɛn
从母仄声	永兴	南昌	浏阳	长沙	湘乡	郴州
柜	kʰuɪ	kʰui	kʰuei	kuei	dy	kuei
自	tsʰɿ	tsʰɿ	tsʰɿ	tsɿ	dzɿ	tsɿ
坐	tsʰɷ	tsʰɔ	tsʰo	tso	dzɷ	tso
就	tʃʰiɯə	tɕʰiu	tɕʰiəu	tɕiəu	giɛi	tɕiəu
绝	tʃye	tɕʰyot	tɕʰyɛ	tɕie	tɕya	tɕye
尽	tʃʰiən	tɕʰin	tɕʰin	tɕin	dzin	tɕin
澄母平声	永兴	南昌	浏阳	长沙	湘乡	郴州
茶	tsʰo	tsʰa	tsʰæ	tsa	dzo	tsʰa
除	tʃʰy	tɕʰy	tɕʰy	tɕy	dy	tsʰu
厨	tʃʰy	tɕʰy	tɕʰy	tɕy	dy	tsʰu
迟	tsʰɿ	tsʰɿ	tʂʰʅ	tʂʅ	dzʅ	tsʰɿ
陈	tʃʰiən	tsʰən	tʂʰən	tʂən	dʌn	tsʰən
潮	tʃʰiɤ	tsʰɛu	tsʰau	tʂau	dau	tsʰau

续表

澄母仄声	永兴	南昌	浏阳	长沙	湘乡	郴州
住	tʃʰy	tɕʰy	tɕʰy	tɕy	dy	tsu
治	tsʰɿ	tsʰɿ	tʂʰʅ	tʂʅ	dzʑʅ	tsɿ
赵	tsɤ	tsʰeu	tʂʰau	tʂau	dau	tsau
重轻~	tsʰəŋ	tsʰuŋ	tʂʰəŋ	tʂoŋ	dʌn	tsuŋ
阵	tʃʰiən	tsʰən	tʂʰən	tʂən	dʌn	tsən
仗	tsɔ	tsʰɔŋ	tʂʰoŋ	tʂaŋ	daŋ	tsan
崇母平声	永兴	南昌	浏阳	长沙	湘乡	郴州
锄	tʃʰy	tsʰu	tsʰəu	tsəu	dziɛi	tsʰu
柴	tsʰa	tsʰai	tsʰai	tsai	dza	tsʰai
床	tsʰɔ	tsʰɔŋ	tsʰoŋ	tɕyan	dzaŋ	tsʰuan
巢	tsʰɤ	tsʰau	tsʰau	tsau	dzau	tsʰau
愁	tsʰəɯ	tsʰɛu	tsʰəu	tsəu	diɛi	tsʰəu
查	tsʰo	tsʰa	tsʰæ	tsa	dzo	tsʰa
崇母仄声	永兴	南昌	浏阳	长沙	湘乡	郴州
助	tsʰu	tsʰu	tsʰəu	tsʰəu	dziɛi	tsu
炸	tso	tsa	tsæ	tsa	dzo	tsa
状	tsɔ	tsʰɔŋ	tʂʰoŋ	tɕyan	dzaŋ	tsuan
镯	tso	tsʰɔk	tʂʰo	tʂo	tsɷ	tso
闸	tsa	tsat	tʂa	tʂa	tsa	tsa
寨	tsʰe	tsʰai	tsʰai	tsai	dza	tsai

续表

群母平声	永兴	南昌	浏阳	长沙	湘乡	郴州
骑	tʃʰï	tɕʰi	tɕʰi	tɕi	gi	tɕʰi
桥	tʃʰiɤ	tɕʰiɛu	tɕʰiau	tɕiau	giau	tɕʰiau
球	tʃʰiɯ	tɕʰiu	tɕʰiəu	tɕiəu	giɛi	tɕʰiəu
裙	tʃʰyən	tɕʰyn	tɕʰin	tɕyn	duʌn	tɕʰyn
乾	tʃʰie	tɕʰiɛn	tɕʰiẽ	tɕiẽ	dziĩ	tɕʰiɛn
穷	tʃʰiəŋ	tɕʰiuŋ	tɕʰin	tɕin	gin	tɕʰiuŋ
群母仄声	永兴	南昌	浏阳	长沙	湘乡	郴州
健	tʃʰie	tɕʰiɛn	tɕʰiẽ	tɕiẽ	gĭ	tɕiɛn
轿	tʃʰiɤ	tɕʰiɛu	tɕʰiau	tɕiau	giau	tɕiau
舅	tʃʰiɯ	tɕʰiu	tɕʰiəu	tɕiəu	giɛi	tɕiəu
具	tʃy	tɕʰy	tɕʰy	tɕy	dy	tɕy
共	tʃʰioŋ	tɕʰiuŋ	kəŋ	kən	gʌn	guŋ
跪	kʰuɪ	kʰui	kʰuei	kʰuei	kʰui	kuei

由表 6-1 例字可以看出,湘方言点长沙语音古全浊声母今逢塞音、塞擦音时不论平声、仄声一律读不送气清音,湘乡话古全浊声母基本上仍读不送气浊音。赣方言点南昌、浏阳则恰恰相反,不论平仄声一概读送气清音。郴州话清楚地反映了官话全浊音清化的规律:平声送气,仄声不送气。而永兴城关话呢,仄声仅有少数字读送气音,大部分不送气。读送气音的据《方言调查字表》统计,共 74 字,今列举如下。

并母:佩拔钹蚌。

定母:导突荡特艇挺。

从母:坐聚自字牸皂造就贱凿昨匠贼嚼。

邪母:谢序苎巳寺嗣饲遂袖像续。

澄母:柱住滞稚治坠赚辙阵秩撞浊直择泽宅郑仲逐轴重。

崇母:助寨撰。

船母:赎。

禅母:蜀。

群母:倚技妓忌跪柜轿及近郡菌强共。

送气读音是受了赣方言的影响,长沙话也有这类字,鲍厚星(1999)据《方言调查字表》统计,约60字。

总体来看,念不送气音的字占绝对优势,这一点永兴城关话与长沙话、湘乡话、郴州话相同。再看全浊平声,全浊平声的送气与否依照古声母的不同分流,并、定母演变和长沙话、湘乡话一致,今读不送气音,其余各母今读送气音,与南昌话、浏阳话、郴州话趋同。

因此,在共时平面上,我们还很难绝对地说永兴话在全浊塞音、塞擦音的演变规律这一点上完全体现了哪一种方言的特征,它兼具湘、赣方言和西南官话的特点才是客观的事实,而与赣方言最为明显的差异是仄声今多读不送气音,而并、定母平声今读不送气音,较大可能受了湘语的影响。表6-2列出永兴城关话的演变规律:

表6-2 永兴城关话的演变规律

声母	声调	送气与否	特征属性
并、定母	平声	不送气	湘语

第六章 永兴城关话的归属问题

续表

声母	声调	送气与否	特征属性
其余全浊声母	平声	送气	赣语、西南官话
全浊声母	仄声	多不送气	湘语、西南官话

但是，永兴城关话的早期面貌定然不是杂糅了各种方言的特征，这应该是方言接触、影响、渗透的结果。那么它的底层方言究竟是什么？仅靠单独分析城关话难以得出结论，把眼光放大到永兴境内的其他方言点，就会有新的收获。

下面看永兴柏林镇方言的音韵特征。

（1）古全浊声母清化，逢塞音、塞擦音时，平声一律读不送气音；仄声大部分不送气，少部分送气，念送气音的字比永兴城关话略多。

（2）古入声无论清浊仍读入声，没有塞音韵尾。

仅凭这两条就可以初步断定柏林话是典型的湘方言。那么柏林是不是也像湘永煤矿、杨梅山煤矿一样由于兴建厂矿、移民而出现湘方言岛呢？并不是。永兴的洞口乡、樟树乡与柏林在地理上连成一片，境内都没有矿区，这三地口音基本一致，主要音韵特征相同，对于柏林话的上面两条音韵特征，其他两地方言全都具备。三个乡镇总人口数超过 9 万，总面积接近 370 平方千米。而不像郴州的湘方言岛占地面积小，人口均在一万上下。《永兴县志》记载，这三个地方从明代开始就是永兴县的建制乡镇。那么这些方言的湘语特征是否是由接触造成的呢？也不是。从周边环境来看，三个乡镇的接壤地带只有安仁县和耒阳市的部分乡镇，而且都属于赣语区。可见，其缺乏演变为湘语的直接接触施动力。

最大的可能就是，迁徙到永兴的江西移民没有涉及这三个乡镇，再加上三个乡镇距离官话区又相对较远，方言受外界的浸淫少而富于保守性，从而保留了湘语的初始特征。

据此，我们能够推断，包括城关话在内的永兴方言的底层就是湘语。现在可以对城关话的演变规律略作修正，如表6-3所示：

表6-3　城关话的演变规律修正表

声母	声调	送气与否	特征属性
并、定母	平声	不送气	湘语
其余全浊声母	平声	送气	赣语、西南官话
全浊声母	仄声	多不送气	湘语

剩下的问题就是，厘清其余全浊声母平声念送气音属赣语层次还是西南官话层次。

把并、定母平声字念不送气音说成湘语特征，其余全浊声母平声字念送气音是受赣语或西南官话影响，这是缺乏解释力的，疑问在于，为什么并、定母平声字没有受到影响念送气音呢？

第二章第一节曾经提到，城关话并、定母平声字存在成系统的文白两读，白读不送气音，文读一律同郴州话念送气清音，并且调值不读自身的阳平调35，而照搬郴州话的阳平调21。可见，正是受郴州话的影响，城关话的整个平声全浊声母字才都有送气音的读法。所以，本书认为可以排除掉其余全浊声母平声念送气音的赣语属性，把城关话的演变规律最终修正如表6-4所示：

表6-4　城关话的演变规律修正表

声母	声调	送气与否	特征属性
并、定母（白读）	平声	不送气	湘语

续表

声母	声调	送气与否	特征属性
并、定母（文读）	平声	送气	西南官话
其余全浊声母	平声	送气	西南官话
全浊声母	仄声	多不送气	湘语

底层方言为湘方言的永兴城关话，在与郴州话的接触影响下，其全浊声母平声字的今读已经发生了质的变化。而由于郴州话全浊声母仄声字也是很少有读送气音的，从表面上看，城关话的西南官话特征相比湘语特征则更为明显。

（二）古塞音韵尾[-p][-t][-k]的演变情况（表6-5）

表6-5　古塞音韵尾[-p][-t][-k]的演变情况表

入声字	永兴	南昌	浏阳	长沙	湘乡	郴州
北	pe	pɛt	pei	pə	pia	pɛ
国	kue	kuɛt	kuæ	kuə	kua	kuɛ
湿	ɕie	ʂət	ʂʅ	ʂʅ	ʂʅ	sʅ
局	tsʮ	tɕʰiuk	tɕy	tɕy	ty	tɕy
急	tʃĩ	tɕit	tɕi	tɕi	ki	tɕi
毒	tu	tʰuk	təu	təu	tu	du

赣方言南昌话保存了古入声和塞音韵尾[-t][-k]，且入声分阴阳。

据《现代汉语方言概论》（2002）所说，"中古塞音韵尾[-p][-t][-k]在湘语中完全消失。湘语中保留入声调类的方言，入声不带塞音韵尾，读音均可以延长"。从以上例字可以看出，长沙话仍有独立的入声调类，而属于湘方言娄邵片的湘乡话入声字已归并到舒声调类。浏阳由于地处湖南境内，受湘语影响，入声字也没有保留塞音韵尾，自成一个调类。

古入声发展到了郴州，则不但塞音韵尾消失，连入声作为一个独立的声调也消失了，古入声调的字在郴州音中一律念阳平调。古入声今归阳平被认为是西南官话最重要的语音特点。随着西南官话调查研究的不断深入，人们对西南官话的认识也在不断地深入。古入声在西南官话中并不都是归阳平。"四川、云南、贵州三省绝大多数的古入声字今读阳平，有75个县市的古入声字今自成调类，就是古入声字今读入声，8个县市的古入声字今读阴平，13个县市的古入声字今读去声。"（黄雪贞，1986）因此，黄雪贞认为古入声字今归阳平是西南官话，古入声字不归阳平但其他四声的调值与西南官话相同，也可以视为西南官话。

永兴城关话的入声字既无塞音韵尾，又保持了一个独立且稳固的调类，体现了湘语的特征。但从调值来看，郴州话的阴平、阳平、上声和去声四个声调的调值分别是33、21、53、13，永兴城关话阴平、阳平、上声、去声和入声五个声调的调值分别是44、35（文读为21）、41、13、21，去声调值两者一致，阴平、上声两者调型相同，调值接近，永兴城关话阳平的文读和入声调值一样，都是21，恰好郴州话的阳平调值也是21，这使永兴城关话阳平的文读、入声和郴州话的阳平调值三者之间呈现出错综复杂的关系。

永兴城关话阳平调有文读音的字的必定声母也为送气音，这里分两种情况，一种是并、定母字，该类字的白读音声母念不送气音，调值为35，文读音同时牵动声母和声调的变化，有时还涉及韵母的变化，举例如下。

第六章 永兴城关话的归属问题

排：<u>排</u>[pa35]长、<u>排</u>[pʰe21]球。
平：<u>平</u>[pən35]地、水<u>平</u>[pʰən21]。
驼：<u>驼</u>[tɷ35]背、骆<u>驼</u>[tʰo21]。
同：<u>同</u>[toŋ35]学、合<u>同</u>[tʰoŋ21]。

另一种是其他全浊声母字，上文已做分析，在郴州话的影响下无论文白读都念送气音，文读音又牵动到声调和韵母的变化，这类字只有极少数，举例如下。

查：<u>查</u>[tsʰo35]不出、调<u>查</u>[tsʰa21]。

其中，"驼"和"查"的文读音与郴州话完全一致，其余字的文读音调值和声母与郴州话相同。可见，文读音并不仅仅涉及调值的变化，还会牵涉声母甚至整个字音向郴州话靠拢。此外，部分阳平调的字现在已经没有调值 35 的读法了，只有文读音 21 的读法。例如，才侨乾前秦狂，这些字可以说是丧失了永兴城关话自身系统中的声调根基，受郴州话影响的程度达到最高。郴州话对于永兴城关话字音的影响是以阳平调值的渗透作为显要标记的，全浊声母平声字只要有文读音，就必然会念 21 调值。因此，我们可以得出结论，永兴城关话阳平的文读音不能理解为归到入声，而是直接读为郴州话的阳平调值。

从长远来看，永兴城关话阳平调白读音的调值很有可能渐趋消失，不送气音的读法也将不复存在，湘语属性的标记进一步模糊。阳平调与入声调合并后，使整个声调系统只有 44、21、41、13 四个调值，虽然在这种"合并"过程中，实质上入声调值并没有主动变化，而是阳平调演化的结果，但按照惯例分析，给人一种"入声归阳平"的假象，从而呈现出典型的西南官话声调特征。

至于永兴城关话的入声调值与郴州话的阳平调值相同,究竟是语音历史上形成的巧合,还是受郴州话的影响,尚待对相关材料进行更深的挖掘,做进一步的研究。

总之,郴州话的调值特征已经融入永兴城关话,使它蒙上了西南官话的部分色彩。

二、各方言点共时性语音条件的比较

(一)古非、敷、奉母和晓、匣母合口的混读情况(表6-6)

表6-6 古非、敷、奉母和晓、匣母合口的混读情况表

例字	永兴	南昌	浏阳	长沙	湘乡	郴州(老)	郴州(新)
壶	fu	fu	fu	fu	ɣu	fu	fu
扶	fu	fu	fu	fu	ɣu	fu	fu
虎	fu	fu	fu	fu	xu	fu	fu
府	fu	fu	fu	fu	xu	fu	fu
福	fu	fu	fu	fu	xu	fu	fu
飞	fi	fəi	fei	fei	xui	fei	fei
灰	xuɪ	fəi	fei	fei	xui	fei	xuei
分	fən	fən	fən	fən	xuʌn	fən	fən
婚	xuən	fən	fən	fən	xuʌn	fən	xuən

以上前五字的音韵地位分别是遇摄合口一等匣母模韵(壶)、遇摄合口三等奉母虞韵(扶)、遇摄合口一等晓母姥韵

（虎）、流摄开口三等奉母有韵（妇）、通摄合口三等非母屋韵（福）。

从上面的例字可以发现，湘方言的长沙话、赣方言的南昌话、浏阳话，古非组和晓、匣母合口字读同[f]声母，这正是湘、赣方言共具的特点，湘乡话的情况有所不同，阳平调字读[ɣ]声母，其他声调字读[x]声母，但两相混读的情况是不争的事实。郴州话、永兴话晓、匣母遇合一模韵（举平以赅上去，下同）和非、敷、奉母遇合三虞韵、流开三模韵、通合三屋韵（入声）同读[f]声母，逢其他韵字郴州话老派仍读[f]声母，新派读[x]声母，举例如下。

假摄：花化华划。

蟹摄：灰贿悔回茴汇会绘惠怀槐淮坏画话。

止摄：毁辉挥徽讳。

山摄：欢唤焕缓换幻还环患宦活。

臻摄：魂婚忽溷浑混。

宕摄：荒慌谎黄簧晃。

曾摄：或惑。

梗摄：横划。

与此不同的是，永兴城关话这些字读[x]声母。

从表面看，郴州话、永兴城关话在向普通话靠拢的过程中体现出一种很明显的渐进的演变特点：郴州话的新老异读属于过渡的状态，而到了永兴城关话，就已经变得和普通话一致了。这就容易引出一个问题，郴州市作为郴州地区西南官话的核心区域，无论就城市地位还是方言性质来看，受普通话的影响本应是最大的，但是在古晓、匣母合口的今读从[f]到[x]声母的演变过程中，它们的步伐竟比非官话地区的永兴县还要慢，的确令人费解。通过分析新老派的读音差别，本书认为，[f]、[x]的新老异读这一演变态势正好说明普通话的推广对郴州话有较大的影响。反观永兴城关话，无论新派还是老派，均读[x]声母，这就证明其古晓、匣母合口的今读并不存在一个从[f]到[x]声母的演变过程，它在共时层面和北京话相同很可能是遵循一样的语音演变规律而形成的巧合。永兴周边的赣方言安仁城关话很能说明这个问题，安仁城关话古非、敷、奉母和晓、匣母合口字从不混读，晓、匣母合口今逢遇合一等韵也读[x]声母，和普通话完全一致。对此，我们不可能做出安仁城关话比郴州话更容易受普通话影响的解释，这只是它与北京话同途同归造成的结果。

（二）舌根音声母[ŋ-]和鼻化韵的有无（表6-7）

表6-7　舌根音声母[ŋ-]和鼻化韵的有无表

例字	永兴	南昌	浏阳	长沙	湘乡	郴州
藕	e	ŋeu	ŋeu	ŋeu	ŋeu	ŋeu
牙	o	ŋa	ŋa	ŋa	ŋo	ŋa
熬	ɤ	ŋau	ŋau	ŋau	ŋau	ŋau
安	ɛ	ŋɔn	ŋan	ŋan	uã	ŋan

湘、赣方言绝大部分地区以及郴州话都有[ŋ-]声母，大致上它来源于古果、假、蟹、效、流、咸、山等摄，影母、疑母开口一二等字。永兴方言缺少这个声母，相应地音韵地位上的字一律念零声母[ø]，如表6-8所示。

第六章 永兴城关话的归属问题

表 6-8 阳声韵例字对比

例字	永兴	南昌	浏阳	长沙	湘乡	郴州
天	tʃʰie	tʰiɛn	tʰiẽ	tʰiẽ	tʰɿ	tʰiɛn
搬	pɛ	pɔn	pan	põ	piã	pan
船	ʃye	sɔn	tɕyẽ	tɕyẽ	dyĩ	tsʰuan
展	tsɛ	tsɛn	tʂan	tʂõ	tʂʅ	tsan

湘方言中，鼻音韵尾向鼻化演变的现象比较普遍，因而出现较多的鼻化元音。例如，长沙话就有[õ][ɔ̃][iẽ][yẽ]四个鼻化韵。浏阳市为长沙市管辖，两地之间相距较近，受长沙话影响，也有[iẽ][yẽ]两个鼻化韵。南昌话、郴州话和永兴城关话均无元音鼻化的现象，从表面上看，几种方言在这一点上取得了一致，但若由表及里细加分析，本书认为，永兴城关话不存在鼻化韵跟南昌话、郴州话没有鼻化韵是两个独立的问题。鼻化韵是由鼻音韵尾脱落、元音鼻化演变而来的。南昌话、郴州话的"天""搬"二字鼻音韵尾未发生脱落，因此无鼻化韵。永兴话之所以没有鼻化韵，是由于鼻音韵尾完全脱落的同时元音不鼻化。或许可以这样说，南昌话、郴州话的鼻音尾韵母是静止时的原点，永兴城关话的元音韵母是发生位移后的终点，长沙话的鼻化韵正好是处在这两端之间的过渡状态。这就好比"南昌话、郴州话无鼻化韵"原本就是一张白纸，"永兴城关话无鼻化韵"本来是写了字的纸，把它擦干净，才变成一张白纸。如此殊途同归，两者方在表层出现了一致。可见，永兴话没有鼻化韵不是受到了赣语或郴州话的影响，而是它自身变化的结果。

（三）古泥、来二母的混读情况（表 6-9）

表 6-9　古泥、来二母的混读情况表

洪音	永兴	南昌	浏阳	长沙	湘乡	郴州
脑	lɤ	lau	lau	lau	lau	lau
老	lɤ	lau	lau	lau	lau	lau
路	lu	lu	ləu	ləu	lu	lu
怒	lu	lu	ləu	ləu	lu	lu
细音	永兴	南昌	浏阳	长沙	湘乡	郴州
扭	liəɯ	ȵiu	ȵiəu	ȵiəu	ȵiɛi	liəu
柳	liəɯ	liu	liəu	liəu	niɛi	liəu
念	lie	ȵiɛn	ȵiẽ	ȵiẽ	ȵĩ	liɛn
练	lie	liɛn	liẽ	liẽ	nĩ	liɛn
娘	liɔ	ȵiɔŋ	ȵiɔŋ	ȵiaŋ	ȵiaŋ	liɛn
亮	liɔ	liɔŋ	liɔŋ	lian	nian	liɛn

湘、赣方言点长沙话、南昌话、浏阳话泥、来两母洪音前相混，都读[l]声母；细音前不混，泥母读[l]声母，来母读[ȵ]声母。湘乡话洪音前混读为[l]，细音前泥母读[ȵ]声母，来母读[n]声母。总而言之，古泥、来二母的混读情况在以上方言中的反映都是洪音混细音不混。永兴城关话泥、来两母不论逢洪音细音一律混读成[l]声母，与郴州话相同。

以上就历时性和共时性等五项语音条件在永兴城关话和湘、赣方言及西南官话的代表点之间做出了较为细致的比较，据此，本书可以讨论永兴城关话的归属问题。

从最具普遍性的两项历时性语音条件来看，永兴城关话融合了西南官话和湘方言的特征，而西南官话的特征相对较为明显。

鲍厚星（2006）根据语音标准，并结合考察人文历史地理等因素，把湘语划分为五片，即长益片、娄邵片、衡州片、辰溆片、永全片。永兴城关话在"果、假摄元音高化""阳声韵失落鼻音韵尾读为纯粹元音"这两个音韵特点上与永全片表现出相当的一致，并且在地缘上最为接近，因此可以把永兴城关话中的湘语成分视为与永全片一脉相承。

共时性语音条件方面，舌根音声母[ŋ-]的有无情况、鼻化韵的有无情况及古非、敷、奉母和晓、匣母合口的混读情况在永兴城关话中的反映有其自身的独特表现。对于古泥、来二母的混读情况，永兴城关话与郴州话一致。而无论是历时性的还是共时性的语音条件，都很难在永兴城关话中找到完全体现出是受赣方言影响而发生的情况。可见，从语言条件来看，以往各家各著把永兴城关话划归为赣方言，证据明显不足。考虑到永兴城关话少数古全浊声母仄声字今读送气清音，本书认为，永兴城关话是底层属于湘方言、现今兼有西南官话和湘方言特征而前者较为突出，并且带有少数赣方言色彩的混合型方言，可以按照较宽的尺度暂把它划为西南官话处理。

第三节 社会人文历史背景方面的考察

客观存在的不同方言，正是一方面在语言特征上有明显的差别，而另一方面在人文历史方面有其不同的社会背景。从语言特征中初步辨认出来的方言类属，往往也可以从方言区的一些乡土历史资料的有关记载中得到有力的印证。下面本书主要以各地的地方志为依据，比较永兴和湖南省内东部的各个赣方言区在历史上外来人口的迁居情况，看看今天永兴人和其他地方人的祖籍是否多来自江西移民，外地方言的语音特点是否已经动摇了当地话的根基。

据《永兴县志》（1994）记载，自南唐开始，历朝历代均有江西籍人士迁入永兴境内，但为数不多，主要是因地方官员辞官、调动而带至的个别家族。例如，"南唐都昌令廖凝，原籍江西泰和县，后辞官归老衡岳。次子秉坤迁居永兴。今境内鲤鱼塘廖姓居民即其后裔"。再如，"彭氏祖先彭若舟，江西南昌人，元至正十七年（1357年）由郴州节制司迁任永兴县令"。只是到了清代，才有稍多一点的江西人迁入，"以经营中药材、豆油、豆腐为业"。所以，历史上迁居永兴的、人数方面与当地人相比处于绝对劣势的江西人，其方言赣语始终都不可能动摇永兴话的根基，最多只是添加了少部分的语言色彩。

比较同处湖南省的平江县，其方言受江西移民的赣语影响的情况却是迥然有别。平江人的祖籍大都在江西，如《平江彭氏家谱·序》载，他们的祖先是"元末自吉之庐陵迁入平江分地以居"的（庐陵的辖境相当于今江西永新、峡江、乐安、石城以南地区）。《同治平江县志·艺文志》说，明朝末年天下大乱，平江几经血洗，"连村遍野，概罹劫屠"，四十八个山寨仅剩一个，存佘、翁、柳、卜四家，此后即有大批的移民从江西定居平江。《湖南各县调查笔记》（曾继吾，1931）也说："平江族姓最大者，为李、陵、张、钟、陈，均由江西湖北迁来……遗有翁、佘、柳、卜四姓，乃系本省老籍。"从这种人口迁徙的情况来看，平江话和赣方言是有相承关系的。最明显的标志是平江话除了有塞音韵尾[ʔ]、[t]之外，古浊塞音及塞擦音不论平仄都读送气清音。

攸县方言也与此相类似。据《攸县志》（1990）载，元末明初由于战乱，攸县本地居民大量伤亡、向外迁徙，外地移民不断涌入，而移居攸县人数最多、时间最集中、散布最广的要算江西人。1984年在攸县中部20个姓氏祖籍的调查中，有15个姓氏的祖籍均来自江西。以后在明、清时期，攸县与江西的文化交流更为频繁。历史上江西人的大量涌入和长期的文化交流，致使攸县固有方言受到江西方言的影响，甚至改变原有结构。在漫长的岁月里，便形成了具有明显的赣方言特征的攸县话，突出表现在古浊塞音和塞擦音今音不论平仄一律变送气清音；单字调只有四个，古入声消失，归并于阴平和去声，这与赣方言萍乡话、吉安话、永新话的声调归类和入声演变完全一致。

《浏阳县志》（1994）上说，旧志《宋季兵事》载："宋德佑二年（1276年），元兵破潭（潭州，今长沙），浏遭歼屠殆尽，奉诏招邻县民实其地。"于是外地移民纷纷迁入。至元代元贞元年（1295年），户口大增，县升为州。当时移民大都来自江西，成为浏阳人口的主要源流。

通过以上比较可以发现，以往各家各著把湖南东部与江西交界的狭长地带的地方话归入赣语系统，除了其语音特征有明显的赣语标志可以做充足的理由，在历史背景方面有关大量江西移民的资料也能够提供强有力的的证据。可见，这种方言区属的认定是有理可依、有据可寻的。而永兴话不仅缺乏与赣方言相一致的语言特点，当地的移民史也可以充分说明数量上占绝对优势的本地人口，其方言不大可能是赣方言。

第四节　结语

综上所述，把永兴城关话视为底层属于湘方言，现今兼有西南官话和湘方言特征而前者较为突出，并且带有少数赣方言色彩的混合型方言，可以按照较宽的尺度暂把它划为西南官话处理，除了语言条件相符之外，在社会人文历史背景方面也可以找到充足的证据。本书认为，这种对永兴城关话区属的认定是较为符合客观实际的。

附录：湖南永兴赣方言同音字汇

本书描写属于赣方言的湖南永兴城关方言老派的音系，归纳其音韵特点，并列出同音字汇。

一、概说

永兴县位于湖南省东南部，耒水中游，东经112°43′～113°35′，北纬25°58′～26°29′，属郴州市所辖。东依资兴，南邻郴州，西接桂阳，北连安仁和耒阳。永兴县面积1 979.4平方千米，下辖25个乡镇，总人口63.61万（2005年统计数字）。

根据中国社科院和澳大利亚人文科学院合编的《中国语言地图集》（1987）的划分，永兴方言属于赣方言耒资片。

永兴县城关镇位于县境中部，地势平坦，水陆交通方便，历来是永兴政治、经济、文化的中心，城关话则历来是永兴有代表性的方言。本书所记的就是笔者的家乡城关的老派口音。2006年8月至2008年10月，本人赴永兴八次，进行了累计90多天的方言调查与核实工作。发音合作人为笔者的外公曹交同，小学文化，1938年生，永兴县石油公司退休干部。

二、声韵调

1.声母18个,包括零声母在内(附表1-1)

附表1-1 18个声母表

p 浮搬婆笔秘	pʰ 蜂坡拍蚌片	m 门慢马蚊网	f 苦飞壶饭服
t 在挡铜给等	tʰ 拖土特导荡	l 难老练泥锐	
ts 资纸翅渐俊	tsʰ 曹茶粗昨厦	s 瑞削四纱心	
tʃ 鸟低尖粥吸	tʃʰ 踢戏技骑陈	ʃ 气士书蛇唇	ʒ 喂衣椅雨儒
k 街家虹械哥	kʰ 跪敲货哭柜	x 塞困喊鞋篙	
ø 铅惹禾年爱			

说明:(1) l 声母与 ɿ 韵母拼合时,调音部分特别靠前,舌尖顶到齿背。

(2) tʃtʃʰʃ 只拼齐齿、撮口呼,有两套音值,与 iy 韵母拼合时是[tʃtʃʰʃ],与其他齐齿、撮口呼韵母拼合时是[tɕtɕʰɕ]。tstsʰs 只拼开、合口呼。

2.韵母33个,包括自成音节的声化韵[m][n]在内(附表1-2)

附表1-2 33个韵母表

ɿ 皮字知眉履	i 杯妹飞鸡姨	u 做数鼓裤肉	y 泪嘴厨取役
a 界艾牌菜袋	ia 壁假舔茄价	ua 洒鸦怀袜括	
o 卵族牙滑疤	io 车谢吃姐学		
e 介特白藕弟	ie 湿热甜铁扇	ue 活帅筷外国	ye 说绝船远月
ɛ 冷眼半烦炭		uɛ 横端乱酸宽	
		ui 读滤雷脆煨	
ω 角簸贸拖河	iω 削药脚勺角		
ɤ 教帽爪炒咬	ɤi 票跳猫少舀		
c 江绑妈糖床	ic 萤钉娘张唱	uc 光矿皇王网	
əɯ 谷去透邹鄒	iəɯ 熟周肉手酒		

续表

ən 米病信肯凳	iən 蒸枕请亲城	uən 嫩俊群逊髓	yən 云春倾荣尹
oŋ 木冻粽公蕹	ioŋ 嗅穷胸肿溶		
m̩ 姆	ŋ̍ 女银硬忍恩		

说明：（1）i 与唇音声母相拼时实际音值为[ɿ]，与 tʃtʃʰʃʒ 相拼时是与舌叶音同部位的元音。

（2）y 只和 ltʃtʃʰʃʒ 相拼，实际读音为舌叶圆唇元音，舌位比舌尖圆唇元音[ʮ]稍后。

（3）u 韵母发音时上齿和下唇内缘轻微摩擦，近似[ʊ]。

（4）oŋ/ioŋ 韵母中主要元音舌位偏央，唇型略展。

3. 单字调 5 个，不包括轻声

阴平 44（˧˧）墨绿竹高猪低边开天

阳平 35（˧˥）停神龙裁平南鹅扶油

上声 41（˦˩）古赌展草种李等坐跪

去声 13（˩˧）盖帐送放自线货渠娱

入声 21（˨˩）七杀黑毒局滴援排查

说明：阴平调末尾微升，实际调值接近 45，今记为 44。

三、音韵特点

1. 声母的特点

（1）古全浊声母清化，逢塞音、塞擦音时，平声送气与否依声母的不同分流：並、定母今读不送气音（但文读音受西南官话郴州话影响，声母多读送气），其余各母今读送气音；仄声大部分不送气，读送气音的据《方言调查字表》统计，共 74 字，今列举如下：佩拔钹蚌（並母）导突荡特艇挺（定母）坐聚自字牸皂造就贱凿昨匠贼嚼（从母）谢序苎巳寺嗣饲遂袖像续（邪母）柱住滞稚治坠赚辙阵秩撞浊直择泽宅郑仲逐轴重（澄母）助寨撰（崇母）赎（船母）蜀（禅母）绮技妓忌跪柜轿及近郡菌强共（群母）。

这个特点与大多数赣方言古全浊声母读送气音很不一样。

（2）古端组今逢齐齿呼读 tʃtʃʰ，如田 tʃie35|鸟 tʃiɤ41|舔 tʃʰia41|地 tʃi13|体 tʃʰi41|替 tʃʰi13。

（3）古泥、来母不论逢洪音细音一律混读 l 声母。例如，脑=老 lɤ41|南=篮 lɛ35，娘=粮 liɔ35|纽=柳 lieɯ41。部分今细音字读零声母，如尿聂镊念碾捏年捻娘酿。

（4）古知、庄、章组今逢止摄开口三等韵字，全部念 tstsʰs 声母，同精组，如知=资 ts44|迟=瓷 tsʰ35|师=私 sɿ41。逢其他三、四等韵字，多数字读 tʃtʃʰʃ 声母，如遮 tʃio44|tʃie41|芍 tʃio21|潮 tʃʰiɤ35|穿 tʃʰye44|烧 ʃiɤ44|设 ʃie21。

（5）古日母字除读 ŋ 者外，今还有三种声母。绝大多数读零声母，如热燃软肉辱耳二儿。读 ʒ 声母的有五个字：如汝儒入日。读 l 声母的有两个字：乳蕊。

（6）古见溪晓匣母开口二等韵部分字仍读软腭音声母，如架 ko13|届 ka13|揩 kʰa44|敲 kʰɤ44|瞎 xo21|陷 xɛ13。

（7）古溪母部分字今读擦音声母，如苦 fu41|枯 fu44|窠 xʊ44|壳 xʊ21|去 xəɯ13|困 xuən13|气 ʃi13|弃 ʃi13|起 ʃi41。

（8）古晓、匣母逢遇合一等韵和非、敷、奉母字同读 f 声母，如湖=扶 fu35|互=妇 fu13。逢其他韵仍读 x 声母，如花 xo44|

昏 xuən44|欢 xuɛ44|皇 xuɔ35。

（9）古晓母个别字今读送气音声母，如货 kʰɷ13|戏 tʃʰi13|喜 tʃʰi41|吼 kʰəŋ41|况 kʰuɔ13|荤 kʰuən44|哄 kʰəŋ41。古匣母部分字今读零声母和 k 声母，如禾 ɷ35|怀 ua35|话 o13|滑 o44|黄 uɔ35|镬 ɷ44|横 uɛ35|谐 ke21|械 ke13|匣 ko21。

2.韵母的特点

（1）蟹（部分）、假、果摄开口一二等韵主要元音形成 a—o—ɷ 序列，如抬 ta35|财 tsʰa35|拜 pa13（蟹摄），疤 po44|茶 tsʰo35|写 ʃio41（假摄），多 tɷ44|锣 lɷ35|河 xɷ35（果摄）。

（2）遇合三等韵除非、庄组字外，其余全部读 y 韵，如吕 ly41|猪 tʃy44|暑 ʃy41|许 ʃy41|主 tʃy41|句 tʃy13|雨 ʒy41。

（3）蟹开三四、止开三，深开三、臻开三、曾开三、梗开三四等入声韵的帮、知、庄、章组和泥、来母以及止开三精组读 ɿ 韵，如皮 pɿ35|立 lɿ21。

（4）蟹、止摄合口的部分字白读 y 韵，如岁 ʃy13|嘴 tʃy41|吹 tʃʰy44|醉 tʃy13|喂 ʒy13|锤 tʃʰy35|水 ʃy41|慰 ʒy13。

（5）流摄除帮系字外，一等韵多读 e 韵，如偷 tʰe44|漏 le13|狗 ke41|厚 xe41，与蟹开一二等多数合流。三等韵多读 iɯ 韵，如流 liɯ35|州 tʃiɯ44|寿 ʃiɯ13。

（6）深开三、臻开一三、曾开三、梗开二三舒声韵的日、疑、影、以母字今读 ŋ̍，如银 ŋ̍35|硬 ŋ̍13|音 ŋ̍44|因 ŋ̍44|印 ŋ̍13|瘾 ŋ̍41。

（7）深开三、臻开三、曾开三、梗开三四的帮端泥组的舒声字读 ən 韵，如零敏冰饼定。其余声组多读 iən 韵，如斟衬征贞青。

（8）咸山宕江四摄字失去鼻音韵尾，如三 sɛ44|尖 tʃie44|犯 fɛ13（咸摄）；懒 lɛ41|面 mie13|官 kuɛ44|渊 ye44（山摄）；胖 pʰɔ13|讲 kɔ41|腔 tʃʰiɔ（江摄）；忙 mɔ35|抢 tʃʰiɔ41|光 kuɔ44（宕摄）。

（9）个别古阴声韵、入声韵字今读阳声韵，如眯 mən44|梅 mən35|米 mən41|梯 tʰən44|你 lən44|髓 suən41|木 moŋ44。

3.声调的特点

（1）无入声韵，但有独立的入声调。这体现了湘语的特征。

（2）有部分古浊平声字读为入声。但这并不是语音演变的结果。永兴话受属于西南官话的郴州话影响很大，有一批文读音直接来自郴州话。郴州话有阴平 33、阳平 21、上声 53 和去声 13 四个声调，其阳平调值与永兴话的入声一致。所以永兴话阳平字的文读层的声调与入声相混（同时声母读送气音）。例如：

排[pa35]长——排[pʰe21]球

平[pən35]地——水平[pʰən21]

驼[tɷ35]背——骆驼[tʰo21]

同[toŋ35]学——合同[tʰoŋ21]

部分阳平调的字现在已经没有调值 35 的读法了，只有文读音 21 的读法。例如：才侨乾前秦狂。从长远来看，永兴城关话阳平调白读音的调值很有可能渐趋消失，从而阳平调与入声调合并。这虽然是受西南官话影响的结果，但与西南官话的"入声归阳平"是完全不同的变化过程。

（3）少数遇三日母、见系浊声母平声字今读去声，如儒、渠、瞿、娱、盂、榆。

（4）全浊上大多数归去声，少数仍读上声，而声母读送气音，如坐、徛、跪、近、菌、重。

（5）部分入声字的白读音归阴平，如昨、熟、石、辣、叶、掐。

四、同音字汇

本字汇收录城关方言的单字音。按照上文中韵母、声母、声调的顺序排列。字下加单横线"＿"的表示白读音，加双横线"＝"的表示文读音。写不出本字的音节用方框"□"表示。释义、举例在字后用小字表示。举例时用"～"代替本字。

ꭠ

p　　[˧] 屄女阴　[˩] 皮脾琵枇□片：一～叶子 [Ⅴ] <u>被</u>～卧比彼鄙 [˦] <u>秘</u>～书婢蔽弊敝币毙避闭庇泌痹鼻臂篦鐾～刀布算备滗<u>被</u> [˩] 笔毕逼必碧辟僻壁

pʰ　　[˧] 批铍披砒匕匹<u>劈</u>　[Ⅴ] 痞　[˦] 屁　[˩] 疲

m　　[˧] 咪眯　[˩] 眉　[Ⅴ] <u>米</u>　[˦] 媚<u>秘</u>　[˩] 迷谜蜜密弥汩

l　　[˧] <u>力</u>　[˩] <u>离犁泥尼（～姑）篱璃梨厘狸</u>　[Ⅴ] 礼李理里鲤履<u>你</u> [˦] 例励厉利吏腻丽荔痢　[˩] 溺立历黎笠粒栗力<u>离尼</u>～龙<u>泥水</u>～

ts　　[˧] 资姿咨知蜘支枝肢之芝滋鹚鸬～　[Ⅴ] 齿紫子姊滓梓只指脂旨纸趾址止　[˦] 制智致至志置滞痔痣翅刺　[˩] 织职侄质执汁蛰掷殖植值<u>直</u>

tsʰ　　[˧] 痴雌疵　[˩] 祠瓷糍池迟　[Ⅴ] 此耻□搭理　[˦] <u>厕</u>赐次

	伺饲斥自字牸~牛：母牛治稚嗣巳寺滞　[˧]驰慈磁词辞持秩斥赤尺
s	[˦]是斯思厮撕私司丝师狮施诗尸　[˩]时　[˥]矢死屎始豕史使驶[˨]四肆祀市事匙世试示士仕豉豆~视侍嗜势似柿誓逝氏莳~田是~非[˧]什失室拾实释适食蚀识式饰十石湿

i

p	[˦]杯悲碑卑　[˩]赔陪　[˧]辈背贝焙倍
pʰ	[˦]胚坯　[˩]配佩沛　[˧]培
m	[˦]煤媒霉　[˥]美每　[˩]妹昧魅寐　[˧]玫枚梅
f	[˦]非飞妃口~红：很红　[˩]肥[˥]匪诽　[˧]痱费废肺沸吠
tʃ	[˦]鸡稽低饥肌机讥几~乎基箕展[˩]题提蹄　[˥]底抵挤几~个己纪杞　[˧]祭际递帝地济荠剂计继寄记既季冀第弟[˨]的笛敌狄籴隶集急辑吸级疾积脊籍藉绩寂击激棘戟口他迹滴极及吉即
tʃʰ	[˦]直妻欺期堤梯　[˩]齐脐骑奇棋旗歧祈祁~阳[˥]体剔启喜口~~：舅舅徛立企岂起　[˧]戏替剃屉涕技妓忌砌契器汽气[˨]出膝漆啼七其泣戚口~头：蘁头题提吃踢
ʃ	[˦]十些西栖犀溪希稀牺熙嬉　[˩]起洗玺徙禧[˧]气婿系弃细戏[˨]习袭悉惜昔席夕息熄媳锡析
ʒ	[˦]日医伊衣依　[˩]移姨夷疑[˥]椅已以矣拟　[˧]艺义议谊易缢意异毅翼亿忆抑译肄　[˨]一逸饴宜仪倪益日乙揖

u

| p | [˦]蒲伏菩脯胸~　[˥]补簿　[˧]布怖部步捕埠[˨]不 |

附录：湖南永兴赣方言同音字汇

pʰ [˥]铺~床扑 [˧]脯果~普谱浦口用东西打人 [˩]铺店~ [˨]讣扑仆卜~卦蒲

f [˥]枯夫肤敷俘乎呼缚麸口皮肤干燥 [˧]符扶芙狐壶葫湖胡[˨]苦府斛俯腑抚辅腐斧釜虎浒 [˩]瓠跗脚面赴屏~水服量词，用于药父互护户沪妇富负馥副付附驸傅赋 [˨]覆福幅蝠腹佛复服忽蝴伏

t [˥]都 [˧]图徒屠涂 [˨]赌堵睹肚 [˩]杜妒度渡镀[˨]独督笃毒渎犊读

tʰ [˨]土 [˩]兔吐 [˨]突秃图徒屠涂

l [˥]口积在皮肤上的污垢[˧]炉庐芦鸬 [˨]鲁橹卤虏努 [˩]怒路露~水赂[˨]奴卢录鹿碌禄陆肉绿六

ts [˥]租 [˧]组阻祖 [˩]做[˨]足促祝竺筑镯烛竹

tsʰ [˥]粗初[˧]锄[˨]楚础[˩]助醋[˨]续逐赎蜀触畜牲~簇族

s [˥]苏酥梳疏蔬 [˧]数动词[˩]素诉数名词漱[˨]塑俗宿淑粟肃叔嘱属硕束缩速熟

k [˥]姑沽菇孤箍睾[˨]古股鼓牯~牛:公牛估猜 [˩]故顾固雇 [˨]骨谷

kʰ [˥]窟枯 [˨]苦[˩]裤库 [˨]酷哭

ø [˥]乌污巫诬[˧]鬍吴蜈梧[˨]五伍午武舞侮鹉[˩]误悟务雾骛戊 [˨]无物勿屋

y

l [˥]驴[˨]乳旅铝吕 [˩]泪虑滤[˨]律率效~

tʃ [˥]猪诸朱株珠蛛诛车~马炮居拘驹俱 [˧]嘴主煮举 [˩]醉著注驻蛀铸矩巨拒距句具惧剧据锯渠瞿[˨]菊桔局术白~

tɕʰ	[˧]吹蛆趋区躯驱口前加成分,表示程度很深:～光　[˥]拳锤徐除厨拄捶　[˩]苎处取储娶杵　[˧˥]住聚柱序趣去 [˧˩]曲出
ʃ	[˧]书枢输舒殊墟虚嘘须需吁　[˩]水暑鼠黍薯署许[˧˥]岁庶恕树竖戍恤絮叙绪续　[˧˩]术述
ʒ	[˧]淤迂　[˥]愚于鱼渔余俞　[˩]汝语雨羽宇与女[˧˥] 喂慰预誉御豫遇寓裕玉芋盂儒娱愈喻榆愉逾　[˧˩]如入域疫役育郁浴欲狱

a

p	[˧]巴芭笆爸跸跛[˥]排螃牌棑筏　[˩]摆杷枇～琶琵～口屎或泛指肮脏之物把　[˧˥]拜败稗霸罢　[˧˩]八
pʰ	[˧]趴　[˧˥]帕派[˧˩]拔爬趴
m	[˧]吗～kɤ˧:什么妈　[˥]埋　[˩]买马码　[˧˥]迈卖　[˧˩]麻
f	[˧]乏罚发法
t	[˧]爹带鞋～子　[˥]台抬　[˩]打　[˧˥]袋戴大　[˧˩]达答搭
tʰ	[˧]他[˧˩]踏塌榻獭塔
l	[˧]挪拉娜　[˥]来～日:明天落遗漏　[˩]口～子:小男孩哪喇～叭　[˧˥]赖奈口烫伤　[˧˩]邋～遍纳蜡腊辣拿
ts	[˧]栽楂斋口ua˧～:做坏事,出坏主意[˩]扎　[˧˥]乍诈　[˧˩]窄砸铡杂眨闸
tsʰ	[˧]猜差叉权杈　[˥]柴财豺裁　[˩]彩踩厦偏～　[˧˥]寨菜蔡口～雨:淋雨　[˧˩]察查插
s	[˧]鳃鲨莎筛酾～开水:倒开水纱沙砂　[˩]撒傻洒　[˧˥]晒萨　[˧˩]杀

附录：湖南永兴赣方言同音字汇

k	[˦]街囗小孩子哭喊着向大人要东西　[˧]囗割[˅]解~开　[˩]解~送届界戒　[˨]囗~~：蛋
k^h	[˦]揩　[˅]卡
x	[˦]哈　[˧]蛤~蟆鞋还~有　[˅]蟹　[˩]囗佩戴（徽章、证件等）
ø	[˦]挨阿~姨　[˧]岩崖挃拖延　[˅]矮　[˩]艾隘窄

ia

p	[˦]囗~淡：味道很淡　[˩]壁
p^h	[˦]趴两腿分开囗~loŋ˦：蝴蝶[˅]囗~耳巴子：扇耳光　[˩]劈
m	[˦]囗~黑：很黑
l	[˩]累训读字
tʃ	[˦]加佳嘉囗~湿：很湿家　[˧]点姐~~　[˅]假贾　[˩]价稼嫁驾架　[˨]滴颊犟脾气倔夹甲胛肩~匣涩
$tʃ^h$	[˦]囗跨　[˅]舔　[˩]踢茄恰洽掐
ʃ	[˦]虾[˅]厦大~[˩]夏囗腐烂[˨]狭峡侠辖霞暇遐瑕瞎
ø	[˦]鸦丫　[˧]牙芽箮　[˅]雅哑　[˩]轧亚讶砑[˨]押鸭压崖囗~ioŋ˦：小孩撒娇

ua

ts	[˦]抓　[˩]啄
s	[˅]洒耍[˩]刷
k	[˦]乖呱瓜[˅]囗女阴寡剐　[˩]怪挂褂卦　[˩]刮括
k^h	[˦]夸囗圆圈；圈住[˅]垮囗扯　[˩]跨块一~田快
x	[˦]花　[˩]化画话[˩]华划~船[˩]甩；挥动
ø	[˦]滑鹄老~：乌鸦蛙洼挖囗~tsa˦：做坏事，出坏主意　[˦]

怀[˧]㧟用瓢、勺等舀东西 瓦 [˩]猾袜口因疲劳或生病，眼睛下陷

o

p　　[˧]抱口粘住巴~掌粑玻波疤　[˩]爬扒　[˥]把　[˨]坝欛柄[˨]八泊勃博剥薄

pʰ　[˧]坡[˥]朴[˨]怕破　[˩]泼婆

m　　[˧]口泛指拎包　[˩]麻痳蟆　[˥]马码蚂　[˨]骂慕墓募幕磨石~　[˩]陌魔蘑模膜莫寞目穆沐睦牧没沉~木磨~刀

f　　[˧]罚　[˩]发法

t　　[˧]多　[˥]堕惰　[˩]答搭夺咄

tʰ　[˧]沓量词，和纸张、书本等搭配　[˥]椭妥　[˨]唾　[˩]塔驼托脱

l　　[˧]蜡腊辣抒口缝隙[˩]爬[˥]卵裸[˨]那[˩]骆乐快~洛络诺落

ts　　[˧]抓渣　[˥]扎佐左　[˨]蔗诈座榨炸口天气燥热坐　[˩]眨杂闸柞作卓撮量词啄昨

tsʰ　[˧]叉杈衩焯　[˩]查茶搽　[˨]岔措挫错　[˩]插簇擦浊戳凿

s　　[˧]纱沙砂杉痧　[˥]所　[˩]杀速口能力强；做事有干劲

k　　[˧]瓜家戈痂　[˥]寡剐果裹　[˨]驾架嫁卦个过　[˩]甲胛匣夹袜挟阁搁口打~：结伴口披各

kʰ　[˧]掐科苛　[˥]渴颗可　[˨]课　[˩]扩阔磕渴

x　　[˧]虾花哈　[˥]下~去　[˨]下~数：分寸下表范围的副词，都：他们~晓得下量词：看一~下~力：出力画化鹤划~

~ 198 ~

附录：湖南永兴赣方言同音字汇

玻璃贺　[˧]合十～一升瞎鹤藿霍获喝活合和

ø　　[˩]滑蜗桠讹阿～胶口夹住[˧]牙芽衙　[˥]哑瓦我　[˦]砑话遏卧饿　[˧]压沃鸭握鄂俄恶

io

l　　[˧]略掠

tʃ　　[˩]遮[˧]口介词，用以引出受事：～饭吃完提～起[˥]姐～夫[˦]借　[˧]着爵酌芍隻量词炙觉知～嚼

tʃʰ　[˩]车口～子：席子　[˧]瘸四肢肌肉萎缩，活动不变或因受冻而变得不灵活　[˥]扯涩口luɛ～：恼火[˦]谢[˧]吃束赤尺确鹊却雀

ʃ　　[˩]石赊　[˧]蛇口～辣：很辣　[˥]写舍社　[˦]泻～肚子射麝口调～皮：很调皮　[˧]畜～牧蓄储～学削

ø　　[˧]爸父亲　[˥]揞野惹口手握紧；手握紧所抓到东西的量：一～米[˦]夜　[˧]疟辱褥虐约岳若弱乐～曲钥跃药

e

p　　[˧]白[˥]摆　[˦]拜败　[˧]北百伯柏檗

pʰ　[˦]派　[˧]迫拍魄排

m　　[˧]麦脉篾墨默　[˥]买　[˦]迈卖　[˧]墨默埋

t　　[˧]在逗兜兜一～树呆　[˩]头　[˥]斗一～米口踹口捣　[˦]豆弟待怠贷代带～队斗凑戴　[˧]德得给

tʰ　[˧]胎苔舌～偷　[˦]态太泰　[˧]特苔青～台抬

l　　[˧]挠～痒肋排～骨楋荆棘口～粗：很粗　[˦]泥犁楼来　[˥]奶乃口绊　[˦]漏耐癞露～出赖奈　[˧]栗粒勒口～婆：乳房

ts　　[˧]灾口蹲栽　[˥]走者崽儿子宰　[˦]皱再债在蔗　[˧]侧

	浙哲则责摘厕窄贼
tsʰ	[˥]猜口端口～尿：把尿贼～牯子：贼　　[˧]口怕（程度较轻）柴财豺裁　　[˩]采口积聚，储蓄彩[˨]凑寨菜蔡[˦]拆泽择宅测策册材才
s	[˥]搜馊口毛发蓬松　　[˨]细赛嗽咳～　　[˦]瑟虱色啬塞口整理涩
k	[˥]皆谐阶钩沟勾街该口弯腰口拣～：抓阄　　[˧]解了～狗枸苟改　　[˨]届界戒械介盖芥疥丐口kuɛv～：结冰[˦]格革隔嗝打～
kʰ	[˥]抠开　　[˧]口凯楷　　[˨]扣溉概慨[˦]咳刻克客
x	[˥]喉猴孩　　[˧]厚海　　[˨]后骇亥害　　[˦]赫吓黑核
ø	[˥]哀埃挨　　[˩]癌呆　　[˨]藕呕耳饵　　[˦]沤爱二贰碍蔼艾隘　　[˦]而额扼儿

ie

p	[˥]别鞭边辫编蝙鳊　　[˩]便～宜　　[˨]贬匾扁　　[˦]辩辨变便～利　　[˦]憋鳖别
pʰ	[˥]篇偏　　[˨]口扭伤（脚、腰等）　　[˦]片骗遍　　[˦]撇
m	[˥]灭　　[˩]棉绵　　[˨]免勉娩缅　　[˦]面　　[˦]眠搣掰、剥、撕灭
l	[˥]镰帘连莲鲢怜年　　[˨]脸　　[˦]练炼楝恋链　　[˦]廉联猎列烈裂劣
tʃ	[˥]颠癫疖今歼碟尖兼坚煎爹艰奸肩间皆谐阶街遮[˩]田甜填潜　　[˨]者典碘展踮简检俭拣～药：抓药茧笕以竹通水剪碱解减点姐　　[˦]占电奠殿佃垫店甸剑件渐箭建健见

附录：湖南永兴赣方言同音字汇

荐践饯颤<u>届</u>界戒械介借舰鉴监 [ɿ]接折~叠杰揭劫节截结洁捷鲫跌叠谍蝶牒即吉<u>极</u>

tɕʰ [˦]口~子:结巴 天添千纤迁签牵铅车 [˩]钱前钳缠 [ʌ]且浅口用力压<u>扯</u>[˧]窃怯欠歉倩贱 [˨]虔贴帖乾妾铁彻撤辙吃乞切<u>及</u>

ɕ [˦]折~本:赔本,亏空 仙先舌掀轩些 [˩]嫌闲<u>衔蛇咸</u> [˨]陕闪显险舍写[˧]卸懈馅扇膳善鳝线苋赦羡宪献现县 骟~鸡:阉过的公鸡;阉割鸡 蟹谢社射陷限泻 [˨]贤斜协胁设摄涉邪歇泄<u>湿</u>

ø [˦]叶页热椰烟淹湮阉焉 [˩]<u>燃</u>年盐阎檐芫<u>爷</u>~~:祖父<u>颜岩</u> [˨]也冶演掩捻染冉碾<u>眼野</u> [˧]念腋液燕砚宴厌艳谚焰验<u>夜</u>雁 [˨]乙业延噎捏逆言孽严然聂涅镊研炎叶页热<u>燃</u>

ue

s [˦]衰摔 [˨]甩口唆使 [˧]帅率~领蟀

k [˦]<u>乖</u> [˨]拐枴 [˧]<u>怪</u> [˨]国

kʰ [˨]块一~钱 [˧]筷会~计刽桧

x [˦]<u>活</u>[˦]槐淮[˧]坏[˨]或惑<u>怀</u>

ø [˦]<u>歪</u> [˨]崴<u>歪</u> [˧]外

ye

l [˦]口追赶 [˦]口旧时缝制衣服

tɕ [˦]专砖捐鹃娟 [˨]转~手卷一~纸 [˧]倦眷绢券撰传~记转~圈卷~宗 [˨]蕨厥绝掘倔崛决诀

tɕʰ [˦]穿川圈 [˦]传全权泉颧痊拎拔<u>船</u> [˨]喘犬口折断

	[˧]旋头顶上的旋儿串劝　　[˩]缺屈<u>传</u>
ʃ	[˥]靴宣喧暄楦鞋~口~黄：很黄　　[˧]弦唇橡<u>船</u>　　[˩]选癣 [˥]漩炫眩　　[˧]雪血穴说玄悬口喝旋~转
ø	[˥]<u>月</u>冤渊鸳　　[˧]原完丸铅园圆缘沿袁辕　　[˩]软远拐折, 弄断[˧]苑院愿怨　　[˩]援越粤悦阅员元源凹训读<u>原月</u>
	ɛ
p	[˥]般搬班斑颁扳掰　　[˧]盘　　[˩]板版绊　　[˩]办扮瓣拌 半伴口使劲甩在地下口~蛮：勉强,强行<u>绊</u>
pʰ	[˥]潘攀　　[˧]判叛盼襻鞋~子口挎鞏器物上用手提的部分
m	[˥]口扮~~：小孩用草、泥巴等模仿大人做饭菜[˧]蛮瞒　　[˩] 满晚　　[˧]慢漫馒幔蔓
f	[˥]翻番蕃藩　　[˧]烦矾　　[˩]反返　　[˩]犯范泛饭贩　　[˩] 凡帆繁
t	[˥]耽单担~任丹　　[˧]<u>谈潭谭坛弹</u>~性痰檀　　[˩]胆淡 口~酒：品酒 [˩]担挑~蛋旦但诞弹子~氮
tʰ	[˥]贪瘫滩摊　　[˩]坦毯　　[˩]叹探炭　　[˩]<u>谈潭谭坛</u>
l	[˥]口拿　　[˧]篮兰蓝栏拦男难~易南　　[˩]冷览榄缆揽懒 [˩]烂滥难逃~　　[˩]<u>篮兰</u>
ts	[˥]<u>争</u>瞻詹簪沾粘　　[˩]斩盏崭攒~劲：使劲；努力　　[˩]口 缝补溅暂战站赞湛栈<u>占</u>
tsʰ	[˥]参掺餐搀撑　　[˧]口尖锐物刺手　　[˩]惨产铲　　[˩]灿忏 口凿口脚用力抻动口打~　　[˩]蚕惭蝉禅逸馋蟾残
s	[˥]<u>生</u>甥三叁山删衫珊　　[˩]伞散鞋带~了闪陕　　[˩]散~学

附录：湖南永兴赣方言同音字汇

k　　[˥]肩奸艰间中~干~净甘柑泔肝口瘦　[˩]减梗菜~子感敢橄拣赶杆秆竿擀　[˧]监鉴舰干~劲赣间~断

kʰ　[˥]堪勘刊口容器未盛满　[˩]砍坎　[˧]看

x　　[˥]鼾　[˧]咸含口服~：服气衔　[˩]喊　[˧]陷限撼憾旱汉焊翰罕　[˨]涵函韩寒

ø　　[˥]安鞍庵　[˧]颜　[˩]眼　[˧]暗岸按案雁

uε

t　　[˥]端　[˧]团　[˩]短断弄~　[˧]断~绝锻段缎口家禽、鱼、猪等剧烈的颤动

tʰ　团

l　　[˥]圜圆口完整　[˩]暖卵　[˧]乱　[˨]鸾

ts　[˥]钻~空子　[˩]口戳口农村捕鱼用的一种竹笼子　[˧]钻打~

tsʰ　[˥]窜　[˧]赚篡纂撰

s　　[˥]酸栓闩　[˧]算蒜

k　　[˥]官关棺观参~冠衣~鳏　[˩]管馆秆稻杆口翅~：翅膀口~keʋ：结冰　[˧]观道~冠~军灌罐惯贯

kʰ　[˥]宽　[˩]款口桠~：桠枝　[˧]口垲

x　　[˥]欢　[˩]缓皖　[˧]患幻痪唤涣焕换宦　[˨]桓环还

ø　　[˥]湾弯豌　[˧]还横玩完丸　[˩]碗腕挽　[˧]万　[˨]顽

ui

t　　[˥]读堆　[˩]口趸，整批买进　[˧]队对兑碓~xuεʋ：舂米时装米的用具[˨]口塞

tʰ　[˥]推[˩]腿　[˧]退褪蜕蝉~　[˨]颓

l　　[˥]口滚东西累～胖：很胖　[˩]雷擂　[ˇ]缕篓搂屡累磊垒蕊馁儡口～函：水坑　[ˋ]虑滤锐类泪瑞[˨]口将食物两面翻转，粘上粉状物

ts　　[˥]追锥　[ˇ]嘴　[ˋ]最罪缀醉　[˨]卒口塞（动词）

tsʰ　　[˥]催崔炊吹　[˩]垂锤拳　[ˋ]碎粹悴脆翠遂坠　[˨]猝口走路不稳，跌跌撞撞垂

s　　[˥]虽　[˩]随　[ˇ]水　[ˋ]瑞隧税睡碎　[˨]谁

k　　[˥]归规龟围圭　[ˇ]鬼轨诡　[ˋ]贵桂癸瑰跪　[˨]骨

kʰ　　[˥]亏盔魁　[ˇ]跪傀　[ˋ]愧馈溃柜　[˨]逵葵

x　　[˥]灰恢挥辉徽晖　[˩]茴蛔　[ˇ]毁悔贿　[ˋ]会开～绘烩秽晦汇慧惠穗　[˨]回

ø　　[˥]煨威巍口～sən˥：恶心　[˩]桅围违　[ˇ]伟苇委萎尾[ˋ]为～什么伪纬讳卫未味谓胃魏畏喂慰　[˨]微维唯危为作～

ω

p　　[˥]薄雹菠　[˩]婆　[ˇ]口～萝：柚子　[ˋ]簸～箕　[˨]剥钵拨驳卜萝～

pʰ　　[˩]剖　[ˋ]剖破　[˨]泼朴钹口物体背面朝上放置

m　　[˥]摸抹　[˩]磨～刀　[ˇ]亩某谋牡母拇　[ˋ]磨石～贸茂　[˨]末沫

t　　[˥]多　[˩]驼砣　[ˇ]躲朵垛～子　[ˋ]舵剁挆把一物压放在另一物上

tʰ　　[˥]拖　[˨]托脱

l　　[˥]落～雨：下雨啰～唆　[˩]罗锣箩萝骡螺胴手指纹挪　[ˇ]

附录：湖南永兴赣方言同音字汇

　　　　□ pʰia˦~：蝴蝶　[˧]糯

ts　　[˥]左　[˧]桌捉

tsʰ　[˦]着昨凿搓□丢失　[˥]坐　[˧]错　[˧]磋撮用簸箕等把东西聚在一起

s　　[˦]梭唆蓑嗍吮吸　[˦]□啰唆　[˦]□炫耀　[˥]锁琐　[˧]索削缩

k　　[˦]哥歌𠮿指示代词：~里　[˦]个过　[˧]各郭廓割鸽葛角

kʰ　　[˥]可　[˦]货　[˧]壳

x　　[˦]窠和~面　[˦]和~气河何荷衔　[˥]火伙　[˦]贺郝祸货　[˧]壳合盒

ø　　[˦]我镬锅窝屙　[˦]鹅蛾禾　[˦]饿　[˧]恶

iω

tʃ　　[˧]脚角货币辅助单位

ʃ　　[˦]勺　[˦]□啰唆　[˧]削

ø　　[˦]药

ɤ

p　　[˦]包胞煲　[˦]浮袍咆闹~叽：闹哄哄□沸腾　[˥]宝保饱堡　[˧]报爆暴豹鲍刨菢鲍抱

pʰ　　[˦]抛泡灯~□松软、鼓起□~滚：很烫苞　[˥]跑　[˧]炮泡~茶　[˧]□鱼~~：鱼鳔

m　　[˦]猫　[˦]毛矛茅　[˧]冒帽貌冇没有（副词）：~去　[˧]冇没有（动词）：身上~钱

t　　[˦]刀叨[˦]逃淘陶[˥]蹈岛倒打~捣祷[˧]到道盗稻悼倒~水导[˧]桃

tʰ	[˧]滔涛	[˅]讨	[˄]<u>导</u>套	[˪]<u>逃淘陶萄</u>	
l	[˧]□拿□臊□～轻：很轻　[˄]<u>荖</u>捞唠牢□蔬菜、水果等因失去所含水分而萎缩　[˅]老脑恼　[˄]涝闹唠毒□错□跟你冇～：与你无关[˪]<u>荖</u>				
ts	[˧]□瓜子、花生等炒得很脆遭糟招召沼昭朝～阳　[˅]早笊爪澡枣蚤找[˄]躁噪照诏灶赵罩				
tsʰ	[˧]操超抄钞　[˄]曹槽　[˅]草吵炒　[˄]造皂糙				
s	[˧]骚臊烧梢捎　[˄]韶　[˅]稍扫打～嫂　[˄]扫～帚哨邵潲～水绍□～子：盖在米粉、面条上的菜肴				
k	[˧]<u>胶跤</u>高糕羔膏茭箇结构助词：我～钱；慢慢～走□打～：打架　[˅]稿搞　[˄]<u>教</u>叫～花子<u>校</u>告窖觉困～：睡觉□以物换物□吗～：什么				
kʰ	[˧]<u>敲</u>睾～子：睾丸　[˅]考烤　[˄]靠铐				
x	[˧]蒿薅薧　[˄]毫壕豪　[˅]好～坏　[˄]好～学耗号浩　[˪]□～leɁ：叹词，表应答、赞同				
ø	[˧]熬　[˅]袄咬□腌渍　[˄]傲坳拗折奥懊				

iɤ

p	[˧]彪膘藨浮萍标猋迅速奔走飙水喷射□～直：（物体）很直　[˄]瓢嫖　[˅]表婊裱　[˄]□生日、结婚宴会时主家向客人分送糖、糍粑、包子等				
pʰ	[˧]漂～流飘剽[˅]漂～白瞟缥　[˄]漂～亮票				
m	[˧]猫　[˄]描瞄苗　[˅]秒藐渺□暗中观察　[˄]庙妙谬				
l	[˧]□掀开　[˧]漻　[˅]了　[˄]料　[˪]聊辽疗寥燎撩				
tʃ	[˧]交郊<u>娇</u>骄焦樵蕉浇椒叨刁貂碉凋雕<u>胶跤</u>　[˄]调条笞				

附录：湖南永兴赣方言同音字汇

口~青：很青[˧]鸟交合狡饺绞缴剿搅　[˩]教叫调~动吊钓掉

tɕʰ　[˦]邀~几个人一起去交~伙计：合伙挑悄锹缲敲　[˧]巢桥荞瞧潮朝[˥]巧齾调换[˩]嚼俏跳窍翘轿跷撬峭巢　[˨]憔乔侨调

ɕ　[˦]鞘消肖宵硝销霄萧箫嚣烧屑口鞭炮引线　[˥]小晓少多~[˩]笑较效酵孝啸少~年校　[˨]涍

ø　[˦]妖腰要~求么邀　[˧]饶桡摇窑遥[˥]鸟舀扰绕侥　[˩]要重~耀尿鹞　[˨]谣姚尧肴

ɔ

p　[˦]帮邦梆浜口~硬：很硬　[˥]绑榜谤　[˩]棒

pʰ　[˥]蚌　[˩]胖　[˨]庞滂旁螃

m　[˦]妈口~起脑壳：仰着头[˧]忙芒氓硭[˥]莽蟒口~念：胡说　[˨]盲茫

f　[˦]方芳肪　[˧]房防　[˥]仿访纺坊　[˩]放　[˨]妨

t　[˦]当~然裆　[˧]堂唐糖塘　[˥]档挡党　[˩]当~铺

tʰ　[˦]汤淌　[˥]躺荡把水放在器物里摇动　[˩]烫趟荡凼~luiˇ：水坑　[˨]棠螳堂

l　口语气词　[˦]狼郎廊　[˥]朗　[˩]浪　[˨]囊

ts　[˦]庄赃脏不干净装　[˩]壮状葬脏内~藏障

tsʰ　[˦]苍疮仓舱沧昌菖娼窗　[˧]藏~东西床　[˥]敞�　[˩]创畅倡怅

s　[˦]双霜孀桑丧抬~商　[˥]嗓爽　[˩]丧~失

k　[˦]江钢纲冈缸肛豇刚　[˥]讲港岗　[˩]虹杠扛口~婆：

巫婆

kʰ   [˧]康糠   [˩]慷   [˥]抗炕亢

x   [˧]糠   [˧]行银～   [˥]巷   [˩]杭航

ø   [˧]肮   [˧]昂

iɔ

l   [˧]良粮量测～凉梁樑娘   [˩]两辆俩   [˥]亮量数～谅晾   [˩]良

tʃ   [˧]刚装囗向人、物扔石块等物将～军姜疆僵缰浆张章彰樟江   [˩]掌长生～涨奖蒋桨讲   [˥]钉动词帐账胀丈仗杖将大～降下～酱囗刚才

tʃʰ [˧]枪腔框   [˩]长～短强～盗墙   [˩]抢厂闯强勉～   [˥]匠像戗斜唱[˩]详祥场肠

ʃ   [˧]商相互～香乡湘箱厢伤   [˩]尝降～伏囗逗   [˩]上～山想赏偿响享   [˥]向尚上～级相长～项囗～料：泛指葱、姜、蒜、胡椒等作料象橡像[˩]常嫦

ø   [˧]央殃秧   [˩]莺娘囗将背面朝上放置的物体翻转过来阳瓢穰杨洋羊囗面糊了[˩]养痒仰[˥]让样漾恙酿囗食物味道腻人[˩]疡囗～～：奶奶

uɔ

ts   [˧]桩

k   [˧]光[˩]广

kʰ   [˧]匡筐眶框[˩]囗把未合上的门关紧囗碰撞[˥]况旷矿邝[˩]狂逛

x   [˧]荒慌   [˧]皇   [˩]晃谎囗碓～：舂米时装米的用具   [˩]

惶凰蟥蝗磺黄簧

ø　[˦]汪　[˧]王黄　[˥]往网柱　[˨]望忘妄旺　[˩]亡

əɯ

f　[˦]浮　[˥]否

t　[˥]陡抖斗　[˨]豆逗斗~争

tʰ　[˦]透　[˧]投头

l　[˦]娄楼　[˨]陋漏

ts　[˦]邹　[˥]走　[˨]骤皱

tsʰ　[˦]凑　[˧]畴踌愁口思路突然被打断,一时想不起要说的话

s　[˦]艘搜　[˨]瘦　[˩]缩

k　[˦]勾沟钩　[˥]狗枸苟　[˨]购构够垢　[˩]谷

kʰ　[˦]抠　[˥]口　[˨]寇叩扣　[˩]哭

x　[˦]侯喉猴　[˨]去候厚后

ø　[˦]欧鸥殴　[˥]偶呕藕　[˨]怄沤　[˩]屋

iəɯ

l　[˦]六绿溜遛　[˧]浏刘留榴馏流硫琉瘤雷　[˥]柳扭纽钮

tʃ　[˦]竹烛丢赳纠口~圞: 很圆周舟州洲　[˥]肘九酒久韭帚灸肘　[˨]就究昼宙咒救舅旧臼咎疚枢口拧口剩下　[˩]粥

tʃʰ　[˦]秋抽丘邱蚯鳅　[˧]酬绸稠筹求球囚仇　[˥]丑　[˨]就袖臭轴

ʃ　[˦]修羞休收熟　[˥]朽手首守　[˨]秀袖绣锈兽受授寿售嗅

ø　[˦]优忧攸幽肉　[˧]柔揉邮油游牛　[˥]有友酉　[˨]幼右又诱莠佑柚釉　[˩]鱿由尤犹

ən

p　　[˥]宾槟殡彬斌兵崩冰奔　[˧]平评坪瓶屏盆溢水溢出彭[˨]皿饼柄禀秉丙本笨[˩]并病

pʰ　[˥]拼烹喷　[˨]品　[˩]聘口靠　[˧]贫频凭膨苹萍平评

m　　[˥]眯蚊虻口~痒：很痒　[˧]名梅杨~门　[˨]米一斗~敏悯抿　[˩]命闷焖闷[˧]姆tʃʰiN~：舅妈闽民明盟鸣铭名

f　　[˥]分~开纷芬吩[˧]坟[˨]粉[˩]喷分过~份氛奋愤粪[˧]焚

t　　[˥]等灯丁盯登砧~板钉~子　[˧]停亭藤　[˨]顶鼎等口拦截　[˩]定订邓瞪凳镫澄口压

tʰ　[˥]厅吞梯楼~　[˨]挺艇隥码~：台阶口掉落　[˩]听口拖延　[˧]庭蜓廷腾

l　　[˥]你口~薄：很薄[˧]邻铃玲翎磷鳞灵零菱宁　[˨]领岭冷　[˩]令吝另愣口挂念　[˧]能林临凌陵

tsʰ　[˥]塍田~：田间的土埂子

s　　[˥]森参人~新辛薪身伸申心深馨僧升声牲兴~旺欣星腥口uit~：恶心生甥　[˧]晨辰刑神绳[˨]醒审沈省反~　[˩]信讯迅汛性幸姓衅兴高~杏慎甚渗肾胜圣盛剩　[˧]形型娠行~为婶

k　　[˥]跟根更三~半夜耕庚　[˨]哽耿整训读。~数梗埂　[˩]更~加

kʰ　[˥]坑　[˨]肯啃恳垦

x　　[˥]亨哼　[˧]衡　[˨]很狠　[˩]恨　[˧]痕恒

iən

tʃ　　[˥]增曾姓蒸睁京惊荆精睛晶贞侦正~月征经针斟珍津真

附录：湖南永兴赣方言同音字汇

今金巾斤筋茎臻挣~扎粳争 [˅]怎紧疹诊侲他~坐得枕仅锦拯口蠢境警景井颈整 [˧]浸证正~确政症赠憎进晋尽镇禁劲震振敬镜竟竞靖净静径甑赈郑

tʃʰ [˥]郴琛钦称亲侵清轻青卿蜻称~东西口~痛:很痛撑 [˦]层琴乘城橙陈尘沉琴晴寻 [˅]近谨寝请惩逞 [˧]郑称~职衬趁阵庆口身体压在人或物体上,或手借助支撑物,双脚离地近 [˦]呈程成诚擒禽情承丞芹秦勤臣口胗曾~经层

uən

t [˥]敦吨墩蹲臀口割掉卵巢:~猪婆 [˧]囤顿盾炖钝

tʰ [˧]屯豚

l [˥]轮伦[˧]嫩论 [˧]仑

ts [˥]尊遵 [˧]俊

tsʰ [˥]村 [˦]存 [˧]寸 [˧]群

s [˥]孙 [˅]省~市损榫笋髓 [˧]逊

k [˅]滚[˧]棍

kʰ [˥]堃昆坤[˅]捆[˧]困

x [˥]昏婚荤 [˦]魂横 [˅]浑 [˧]困~觉:睡觉横蛮~混

ø [˥]温瘟 [˦]蚊 [˅]稳 [˧]问 [˧]文纹闻

yən

tʃ [˥]军君均钧口吮吸菌 [˅]准

tʃʰ [˥]春椿倾顷 [˦]裙 [˅]菌蠢 [˧]郡

ʃ [˥]熏薰勋 [˦]纯醇 [˧]顺训驯舜 [˧]殉旬荀循巡

ø [˥]晕[˦]营云匀耘莹[˅]永允尹[˧]熨咏泳运韵润闰蕴酝

[ʌ]荣

oŋ

p [˥]绷口~亮：很亮 [˦]朋蓬篷棚 [ʌ]进口扯

pʰ [˥]蜂喷~臭：很臭口~白：很白口头发蓬松高耸口~白：很白 [ˇ]捧 [ʌ]口就着某种机会不付出代价而跟着得到好处：~饭吃碰喷~香：很香 [ʌ]朋蓬篷

m [˥]木~头口~细：很细 [˦]蒙 [ˇ]猛懵 [ʌ]梦孟懵 [ʌ]朦萌

f [˥]风枫疯封峰丰锋蜂 [˦]逢冯缝~衣服 [ˇ]讽 [ʌ]凤奉缝门~

t [˥]东冬 [˦]同童铜桐茼筒瞳[ˇ]懂董扽举 [ʌ]动洞冻栋 [ʌ]口鱼~：鱼汤在低温下结成的膏状物

tʰ [˥]通 [ˇ]统桶捅 [ʌ]痛 [ʌ]同童

l [˥]聋口~软：很软 [˦]农龙笼浓脓 [ˇ]拢垄 [ʌ]弄 [ʌ]隆农

ts [˥]宗综踪棕鬃终衷 [ˇ]总 [ʌ]纵粽种~树众重

tsʰ [˥]聪匆葱囱充口跑 [ˇ]口推宠 [ʌ]仲 [ʌ]从丛崇重~复

s [˥]松 [˦]口貌丑；吝啬 [ˇ]耸 [ʌ]送宋颂诵讼

k [˥]公蚣工功攻宫恭弓躬 [ˇ]拱巩汞凸训读字口搅拌液态物[ʌ]贡供口（人或动物）穿越障碍，钻（进去）共

kʰ [˥]空~间 [ˇ]哄恐孔吼 [ʌ]控空~缺

x [˥]轰烘 [˦]红鸿洪蕻雪里~虹 [ˇ]哄 [ʌ]蕻油菜~ [ʌ]弘宏

ø [˥]翁 [ʌ]蕹~菜瓮

ioŋ

- tʃ　[˥]中～间忠钟盅　[˩˧]种～子肿　[˧˩]中射～
- tʃʰ　[˥]冲春 [˥]穷虫　[˩˧]重泅打浮～：游泳　[˧˩]共两个人～把伞铳　[˩]琼穷
- ʃ　[˥]凶兄胸汹芎　[˥]雄熊鯆～鱼：胖头鱼　[˧˩]嗅
- ø　[˥]拥雍痈　[˥]□iaɟ～：小孩撒娇绒融溶熔　[˩˧]勇涌永 [˧˩]用　[˩]戎茸容蓉

m̩

- ø　[˩˧]姆～妈：妈妈

ŋ̍

- ø　[˥]因姻音阴殷英鹰蝇婴樱缨恩　[˥]人银仍淫壬寅赢 [˩˧]女口硌脚引忍隐饮瘾蚓影颖　[˧˩]孕印应硬映任认韧刃纫　[˩]仁迎吟盈人

参考文献

[1] 鲍厚星,陈晖.湘语的分区(稿)[J].方言,2005(3):261-270.

[2] 鲍厚星,陈立中,彭泽润.二十世纪湖南方言研究概述[J].方言,2000(1):47-54.

[3] 鲍厚星,颜森.湖南方言的分区[J].方言,1986(4):273-276.

[4] 鲍厚星.方言词汇比较与湖南方言分区[J].湖南师范大学学报,1985(3):104-108.

[5] 鲍厚星.湖南省汉语方言地图三幅[J].方言,1985(4):273-276.

[6] 鲍厚星,崔振华,沈若云,等.长沙方言研究[M].长沙:湖南教育出版社,1999.

[7] 鲍厚星.湘方言概要[M].长沙:湖南师范大学出版社,2006.

[8] 鲍厚星.湘南土话系属问题[J].方言,2004(4):301-310.

[9] 鲍厚星.湘南东安型土话的系属[J].方言,2002(3):217-221.

[10] 鲍厚星.东安土话研究[M].长沙:湖南教育出版社,1998.

[11] 鲍厚星.湘南土话论丛[M].长沙:湖南师范大学出版社,2004.

[12] 北大中文系语言学教研室.汉语方音字汇[M].北京:语文出版社,2003.

[13]陈晖.湘方言语音研究[M].长沙：湖南师范大学出版社，2006.

[14]陈满华.安仁方言[M]. 北京：北京语言文化大学出版社，1995.

[15]陈立中.湘语与吴语音韵比较研究[M].北京：中国社会科学出版社，2004.

[16]陈立中.湖南客家方言音韵研究[D].长沙：湖南师范大学，2002.

[17]陈立中.论湘语、吴语及周边方言蟹假果遇摄字主要元音的连锁变化现象[J].方言，2005（1）：20-35.

[18]陈恩泉.双语双方言与现代中国[M].北京：北京语言大学出版社，1999.

[19]陈昌仪.赣方言概要[M]. 南昌：江西教育出版社，1991.

[20]崔振华.桂东方言同音字汇[J]. 方言，1997（1）：48-57.

[21]陈彭年.宋本广韵•永禄本韵镜[M]. 南京：江苏教育出版社，2005.

[22]郴州市志编纂委员会.郴州市志[M]. 合肥：黄山书社，1994.

[23]丁邦新.丁邦新语言学论文集[M]. 北京：商务印书馆，1998.

[24]丁声树，李荣.古今字音对照手册[M]. 北京：中华书局，1981.

[25]丁声树，李荣.汉语音韵讲义[M].上海：上海教育出版社，1984.

[26]董同龢.汉语音韵学[M].北京：中华书局，2001.

[27]董绍克.汉语方言词汇差异比较研究[M].北京：民族出版社，2002.

[28]戴庆厦,袁炎.互补和竞争:语言接触的杠杆——以阿昌语的语言接触为例[J].语言文字应用,2002(1):95-99.

[29]邓永红.湖南桂阳县洋市土话音系[J].湘南学院学报,2004(4):60-65.

[30]范俊军.湘南嘉禾土话的几个语音现象及其成因探析[J].湘潭大学学报,2000(4):94-99.

[31]范俊军.湖南桂阳县敖泉土话的同音字汇[J].方言,2000(1):80-88.

[32]范俊军.湖南桂阳敖泉土话方言词汇[J].方言,2004(4):356-370.

[33]符淮青.现代汉语词汇[M].北京:北京大学出版社,2004.

[34]桂东县志编纂委员会.桂东县志[M].长沙:湖南人民出版社,1998.

[35]湖南省公安厅《湖南汉语方音字汇》编纂组.湖南汉语方音字汇[M].长沙:岳麓书社,1993.

[36]湖南省地方志编纂委员会.湖南省志·方言志[M].长沙:湖南人民出版社,2001.

[37]胡松柏.赣东北汉语方言接触研究[D].广州:暨南大学,2003.

[38]胡萍.湘西南汉语方言语音研究[M].长沙:湖南师范大学出版社,2007.

[39]何兆熊.新编语用学概要[M].上海:上海外语教育出版社,2000.

[40]何琦.郴州文化溯源[M].北京:海潮出版社,2000.

[41]黄伯荣,廖序东.现代汉语[M].北京:高等教育出版社,1997.

[42]黄明明.语言接触中的文明崇拜心理[J].语文建设,1991(8):

18-20.

[43]侯精一.现代汉语方言概论[M].上海：上海教育出版社，2002.

[44]蒋军凤.湘乡方言语音研究[D].长沙：湖南师范大学，2008.

[45]罗昕如.湘方言词汇研究[M].长沙：湖南师范大学出版社，2006.

[46]罗昕如.湘南土话词汇研究[M].北京：中国社会科学出版社，2004.

[47]卢小群.湘南地区土话的分布及其研究概述[J].求索，2003（3）：217-219.

[48]卢小群.嘉禾土话研究[M].长沙：中南大学出版社，2002.

[49]卢卓群.语言接触的文化背景[J].汉语学习，1990（4）：15-19.

[50]李荣.音韵存稿[M].北京：商务印书馆，1982.

[51]李如龙.汉语方言特征词研究[M].厦门：厦门大学出版社，2002.

[52]李永明.临武方言：土话与官话的比较研究[M].长沙：湖南人民出版社，1988.

[53]李维琦.祁阳方言研究[M].长沙：湖南教育出版社，1998.

[54]李蓝.湖南方言分区述评及再分区[J].语言研究，1994（2）：56-75.

[55]李星辉.湖南永州岚角山土话音系[J].方言，2003（1）：67-77.

[56]李星辉.湘南土话与湘南瑶语的接触和影响[D].长沙：湖南师范大学，2004.

[57]李志藩.资兴方言[M].海口：海南出版社，1996.

[58]李冬香.湖南资兴方言的音韵特点及其归属[J].湘潭大学学报

（哲学社会科学版），2006（2）:147-151.

[59] 李冬香.湖南赣语语音研究[D].广州：暨南大学，2005.

[60] 李冬香.平话、湘南土话和粤北土话鼻音韵尾脱落现象考察[J].广西民族学院学报（哲学社会科学版），2005（2）：105-109.

[61] 刘纶鑫.客赣方言比较研究[M].北京：中国社会科学出版社，1999.

[62] 浏阳县地方志编纂委员会.浏阳县志[M].北京：中国城市出版社，1994.

[63] 麦耘.音韵与方言研究[M].广州：广东人民出版社，1995.

[64] 彭兰玉.衡阳方言语法研究[M].北京：中国社会科学出版社，2005.

[65] 彭泽润.湖南宜章大地岭土话研究[J].湖南社会科学，2003（1）：140-142.

[66] 潘悟云.汉语历史语言学[M].上海：上海教育出版社，2000.

[67] 平江县志编纂委员会.平江县志[M].北京：国防大学出版社，1994.

[68] 汝城县志编纂委员会.汝城县志[M].长沙：湖南人民出版社，1997.

[69] 沈若云.宜章土话研究[M].长沙：湖南教育出版社，1999.

[70] 石汝杰.汉语方言中高元音的强摩擦倾向[J].语言研究，1998（1）：100-109.

[71] 谭志满，范耀斌.鹤峰方言舌根音声母/ŋ/及其丢失原因[J].湖北民族学院学报，2005（6）：6-8.

[72]唐湘晖.湖南桂阳县燕塘土话语音特点[J].方言,2000（1）：71-79.

[73]唐作藩.音韵学教程[M].北京：北京大学出版社,2002.

[74]谭其骧.长水集[M].北京：人民出版社,1987.

[75]王力.汉语史稿[M].北京：中华书局,1980.

[76]王力.汉语语音史[M].北京：中国社会科学出版社,1998.

[77]王福堂.平话、湘南土话和粤北土话的归属[J].方言,2001（2）：107-118.

[78]伍巍.合肥话"-i""-y"音节声韵母前化探讨[J].语文研究,1995（3）：58-60,21.

[79]William Labov.语言变化原理：社会因素[M].北京：北京大学出版社,2007.

[80]温昌衍.客家方言[M].广州：华南理工大学出版社,2006.

[81]夏剑钦.浏阳方言研究[M].长沙：湖南教育出版社,1998.

[82]谢奇勇.湖南新田南乡土话同音字汇[J].方言,2004（2）：158-167.

[83]谢奇勇.湘南永州土话音韵比较研究[D].长沙：湖南师范大学博士学位论文,2003.

[84]谢奇勇."湘南土话"研究概述[J].湖南科技大学学报,2005（6）：103-107.

[85]徐通锵.历史语言学[M].北京：商务印书馆,1991.

[86]徐通锵,叶蜚声.语言学纲要[M].北京：北京大学出版社,2002.

[87]香港中文大学中国语言文学系.历时演变与语言接触：中国东

南方言国际研讨会论文提要集[M].香港：香港中文大学中国语言文学系，2008.

[88]杨时逢.湖南方言调查报告[M].台北：历史语言研究所，1974.

[89]袁家骅，等.汉语方言概要[M].北京：语文出版社，2001.

[90]永兴县地方志编纂委员会.永兴县志[M].北京：中国城市出版社，1994.

[91]攸县志编纂委员会.攸县志[M].北京：中国文史出版社，1990.

[92]曾毓美.湘潭方言语法研究[M].长沙：湖南大学出版社，2001.

[93]詹伯慧.汉语方言及方言调查[M].武汉：湖北教育出版社，2001.

[94]詹伯慧.现代汉语方言[M].武汉：湖北教育出版社，1985.

[95]赵元任.语言问题[M].北京：商务印书馆，1980.

[96]钟隆林.湖南省耒阳方言记略[J].方言，1987（3）：215-231.

[97]朱晓农.汉语元音的高顶出位[J].中国语文，2004（5）：440-451，480.

[98]张小克.长沙方言的"BA 的"式形容词[J].方言，2004（3）：274-283.

[99]庄初升.粤北土话音韵研究[M].北京：中国社会科学出版社，2004.

[100]中国社会科学院，澳大利亚人文科学院.中国语言地图集[M].香港：朗文远东出版社，1987.

[101]曾献飞.汝城方言研究[M].北京：中国社会科学出版社，2006.

[102]曾献飞.湘南官话语音研究[D].长沙：湖南师范大学，2004.

[103]邹嘉彦,游汝杰.语言接触论集[M].上海:上海教育出版社,2004.

[104]祝婉瑾.社会语言学概论[M].长沙:湖南教育出版社,1992.

后 记

我所在的湖南第一师范学院促成了这本书稿的出版,对于其在经费上提供的支持,我表示衷心感谢!

本书原稿为笔者的博士学位论文,成稿于 2009 年初。十余年过去,通过后续的田野调查又获得了不少新的语料,并基于这些语料形成了新的思考。

此次出版,除了校对文字、梳理词句之外,基本上保留了原稿内容,主要有以下两点考虑。

第一,原稿是从整体上研究郴州地区的各种类型的方言接触,注重面上的涉及,而新的语料和思考集中于包括笔者母语永兴方言在内的耒资片赣语的语音演变,属于专题性的深度调查与研究,侧重微观上的精细描写分析。赣语相关内容的体量远远超过其他部分,对原稿整体框架的平衡会有影响。

第二,永兴方言的专书研究和语言接触视角下耒资片赣语的语音演变研究,是笔者目前及今后一段时期的研究重心,新的语料和思考会融入后续的两本书稿中(目前正在创作中)。希望用三本书稿体现笔者在不同研究阶段的感触和探讨角度的变化。

是为记。

胡斯可
2022 年 4 月 8 日上午
于湖南一师城南书院

湖南师范大学文学院图书室

湖南师范大学文学院前坪樟园